Luis Eduardo de Souza

# *Desvendando o* ESPIRITISMO

São Paulo
2015

© 2014 by Universo dos Livros
Todos os direitos reservados e protegidos pela Lei 9.610 de 19/02/1998.

Nenhuma parte deste livro, sem autorização prévia por escrito da editora, poderá ser reproduzida ou transmitida sejam quais forem os meios empregados: eletrônicos, mecânicos, fotográficos, gravação ou quaisquer outros.

Diretor editorial: **Luis Matos**
Editora-chefe: **Marcia Batista**
Assistentes editoriais: **Aline Graça e Rodolfo Santana**
Preparação: **Guilherme Summa**
Arte e capa: **Francine C. Silva e Valdinei Gomes**

Dados Internacionais de Catalogação na Publicação (CIP)
Angélica Ilacqua CRB-8/7057

S714d

Souza, Luis Eduardo de
Desvendando o Espiritismo / Luis Eduardo de Souza. – – São Paulo:
Universo dos Livros, 2014.
96 p.

ISBN: 978-85-7930-737-9

1. Religião 2. Espiritismo 3. Kardec, Allan, 1804-1869. 4. Xavier,
Francisco Cândido, 1910-2002. I. Título

14-0740

CDD 133.9

**Universo dos Livros Editora Ltda.**
Rua do Bosque, 1589 - Bloco 2 - Conj. 603/606
Barra Funda - São Paulo/SP - CEP 01136-001
Telefone/Fax: (11) 3392-3336
www.universodoslivros.com.br
e-mail: editor@universodoslivros.com.br
Siga-nos no Twitter: @univdoslivros

# SUMÁRIO

Prefácio ..................................... 5

1. O que é o Espiritismo? ........... 7

2. Deus e Jesus Cristo .............. 19

3. Os espíritos ......................... 21

4. Mundos habitados
   pelos espíritos ..................... 25

5. Vida após a morte ............... 29

6. Ação e reação ..................... 37

7. Afinidade e uniões .............. 41

8. Os médiuns ........................ 43

9. Obsessão ............................ 47

Apêndice I ............................. 51

Apêndice II ............................ 59

# PREFÁCIO

Uma religião em franca expansão: de 2000 a 2010, o IBGE (Instituto Brasileiro de Geografia e Estatística) registrou um crescimento de 65% no número de adeptos do Espiritismo. Atualmente, já são mais de 3,8 milhões de brasileiros que se dizem espíritas, e outros 30 milhões que se declaram simpatizantes.

Mas qual seria o segredo da religião apresentada ao mundo pelo professor francês Hippolyte Léon Denizard Rivail com o pseudônimo de Allan Kardec em 18 de abril de 1857, quando lançou *O Livro dos Espíritos,* e por que o número de adeptos do Espiritismo não para de crescer?

A primeira coisa que se nota já no primeiro contato com o Espiritismo é a preocupação em apresentar explicações racionais para nossa existência, respondendo a questões como "de onde vim?", "para onde vou?" e "por que estou aqui?".

Descrito por Kardec como o Cristianismo redivivo, o Espiritismo resgata em sua prática a essência simples do Cristianismo nos tempos em que os apóstolos de Jesus deram sequência à divulgação e exemplificação dos ensinamentos do Mestre após sua morte, pregando a simplicidade nos centros espíritas como valor fundamental a ser preservado.

Por sua origem, na essência do Espiritismo está a prática da caridade como primeira grande premissa, junto com a busca do autoconhecimento e da evolução espiritual.

Ao trazer explicações racionais para aspectos do cotidiano de cada um, o Espiritismo passa a ter um papel de consolador na vida dos seus adeptos, o que explica em parte o porquê de a maioria dos espíritas buscar um estilo de vida mais tranquilo e sereno.

Nesta obra, procuro compartilhar um pouco do conhecimento do Espiritismo adquirido por meio de minha vivência e estudo da religião, aliado à ajuda inestimável dos amigos espirituais que acompanham na redação deste livro, e assim trazer ensinamentos espíritas que poderão ajudar na busca por uma existência melhor, encontrando o caminho para a evolução espiritual, que, segundo o Espiritismo, é o único que leva à verdadeira felicidade.

# 1

## O QUE É O ESPIRITISMO?

### ORIGEM

O termo *espiritismo* foi apresentado ao mundo em 18 de abril de 1857 pelo professor francês Hippolyte Léon Denizard Rivail. Dois anos antes da publicação do primeiro livro espírita, o professor teve contato com um fenômeno que era muito popular na França e que se transformara rapidamente na grande diversão de muitos franceses reunidos em grandes salões. Tratava-se das mesas girantes, ao redor das quais as pessoas se reuniam e se entusiasmavam com os movimentos que faziam sem que fosse necessário ninguém encostar ou empurrar a mesa.

Convidado por um amigo para presenciar esse fenômeno, o professor Rivail, profundo pesquisador, já com diversos livros publicados e considerado um homem extremamente culto e inteligente, dirigiu-se até um dos salões em que os curiosos se reuniam. Ao observar o fenômeno, ele se surpreendeu imediatamente, pois viu que nenhuma lei da física explicava claramente o que estava acontecendo ali.

Adepto da fenomenologia – corrente de pensamento que, em linhas gerais, prega a observância de qualquer fenômeno sem nenhuma ideia preconcebida –, o professor resolveu estudar as mesas girantes baseando-se na premissa de que se há um efeito inteligente, deve haver uma causa inteligente.

Logo ele percebeu que os sons e movimentos emitidos pelas mesas não eram desconexos e poderiam ser categorizados e estudados, notando também que a quantidade de batidas da mesa poderia corresponder a sim ou não para as perguntas que fazia.

O estudo foi evoluindo e, em pouco tempo, novas técnicas foram desenvolvidas para conseguir respostas para as perguntas feitas. Com o tempo, ele percebeu que quem influenciava o processo não era a mesa, e sim as pessoas que estavam próximas, especialmente aquelas com sensibilidade para perceber a presença de seres espirituais, as quais passou a chamar de médiuns.

Esses médiuns começaram a auxiliá-lo, trazendo diretamente as comunicações dos espíritos, sem necessitar do fenômeno físico das mesas girantes. As comunicações começaram a aumentar em número e periodicidade, e, em pouco tempo, não só o grupo que atuava junto a ele recebia comunicações, mas também médiuns de diferentes cantos da Europa com os quais ele começou a se corresponder.

Qual não foi seu espanto ao perceber que comunicações recebidas a partir de diferentes locais eram idênticas. Pouco a pouco, ele recebeu o esclarecimento de que seria o responsável por reunir todos os ensinamentos dos espíritos em diferentes livros que pudessem ser disseminados entre as pessoas.

Em uma das comunicações, ele recebeu esclarecimento de que em outra vida havia sido um druida, grupo formado por pessoas com a função de aconselhamento psicológico e ensino, tal qual os filósofos gregos, mas pertencentes à sociedade celta. Os espíritos também o informaram de que nessa época ele atendia pelo nome de Allan Kardec.

Ao finalizar a primeira obra com os ensinamentos espíritas, o professor optou por usar o pseudônimo Allan Kardec para evitar qualquer confusão com as obras que havia publicado anteriormente, sabendo que aquele conhecimento representava algo totalmente diferente do que já havia sido trazido à humanidade. Sob esse pseudônimo, publicou as seguintes obras:

- *O Livro dos Espíritos* (18 de abril de 1857), que reúne os princípios básicos do Espiritismo.
- *O Livro dos Médiuns* (janeiro de 1861), no qual apresenta um guia para a educação mediúnica, usado até hoje para orientar o médium na prática da mediunidade.
- *O Evangelho Segundo o Espiritismo* (abril de 1864), que apresenta um estudo das lições morais contidas no Novo Testamento.
- *O Céu e o Inferno – ou a Justiça Divina Segundo o Espiritismo* (agosto de 1865), no qual mostra detalhes da passagem da vida corporal para a espiritual, apresentando as situações que o espírito pode encontrar após o desencarne.

- *A Gênese – os Milagres e as Predições Segundo o Espiritismo* (janeiro de 1868), que, dividido em três partes, mostra a visão do Espiritismo sobre a gênese, os milagres dos evangelhos e predições para o futuro da humanidade.

Além desses cinco livros, considerados as cinco obras básicas do Espiritismo, Kardec também escreveu os livros relacionados a seguir, sendo que *Obras póstumas* foi publicado após o seu desencarne em 1869, reunindo textos escritos ainda em vida.

- *Instruções Práticas sobre as Manifestações Espíritas* (1858)
- *O Que é o Espiritismo* (1859)
- *Viagem Espírita em 1862*
- *O Espiritismo em Sua Mais Simples Expressão* (1862)
- *Obras Póstumas* (1890)

Após publicar *O Livro dos Espíritos*, Kardec fundou a primeira Sociedade Espírita em Paris e iniciou viagens por diversos países da Europa para ajudar na criação de novos centros espíritas. Surgiam as bases para a disseminação da religião.

No Brasil, o Espiritismo chegou em 1860 e teve como grande nome em sua fase inicial Bezerra de Menezes, médico e político que presidiu a Federação Espírita Brasileira.

Porém, o maior responsável pelo crescimento do número de praticantes do Espiritismo no Brasil foi o médium Chico Xavier, que nasceu em 2 de abril de 1910 e, em seus 92 anos de vida, psicografou mais de 460 livros e milhares de mensagens expandindo os ensinamentos trazidos inicialmente nas obras de Allan Kardec. Além disso, Chico – considerado por muitos um homem santo, devido às obras de caridade que patrocinava com os direitos autorais da venda de seus livros e pelo jeito simples e o desapego dos bens materiais que praticava – ajudou a trazer uma visão positiva, humana e menos mística para o Espiritismo.

## A RELIGIÃO E O CENTRO ESPÍRITA

O Espiritismo é baseado em três pontos fundamentais. O primeiro deles é a ciência, em que busca comprovação científica para todos os fenômenos espirituais, incluindo a existência do mundo imaterial ou espiritual. O segundo deles está baseado na filosofia, em que apresenta e discute questões filosóficas que auxiliam o praticante a repensar seu modo de vida e seus valores. O terceiro ponto é a religião, em que tem o papel de reconectar o homem a Deus, fazendo com que os praticantes se voltem ao Criador.

Segundo o Espiritismo, apesar de estarmos aqui no planeta, a vida real é a do espírito. O mundo material teria um papel secundário, visando somente a ajudar na evolução do espírito, premissa básica da visão espírita.

O Espiritismo não tem dogmas, ou seja, verdades absolutas. Tudo o que foi apresentado nos livros de Kardec, também conhecidos como Codificação, tem que ter uma explicação racional, mesmo nos termos do conhecimento atual. Caso contrário deve ser questionado. Em sua prática, também não há nenhum tipo de ritual, como se ajoelhar ou fazer o sinal da cruz para rezar, por exemplo, além de não ter o uso de velas, incensos, banhos, mandingas etc. em seus trabalhos. O ambiente da casa espírita deve ser simples, sem grande adorno, sem imagem alguma. Não há culto a santos.

Diferentemente da maioria das religiões, não há um líder geral como o papa católico. Os centros espíritas não têm donos. Desde o início, Kardec fez questão de deixar muito claro que a obra era dos espíritos, não dele nem de nenhum outro homem. Ele sempre destacou que se a religião fosse obra de homens, ela poderia falhar, pois os homens são falíveis.

Os diferentes centros espíritas são normalmente filiados a uma Federação Espírita ou a Uniões de Sociedades Espíritas, visando a padronização dos trabalhos. Entre as atividades exercidas em um centro espírita estão a aplicação de passes magnéticos e espirituais (imposição das mãos feitas pelos trabalhadores visando transmitir energias positivas ao frequentador que está tomando um passe); palestras espirituais (costumeiramente sobre temas do evangelho e vida espiritual); trabalhos mediúnicos, nos quais os espíritos se manifestam; trabalhos de desobsessão (uma variação do trabalho mediúnico), nos quais os espíritos que se comunicam estão em estado de sofrimento e precisam ser esclarecidos e auxiliados; trabalhos de vibração, nos quais médiuns e frequentadores mentalizam e enviam energias positivas para pessoas ou espíritos necessitados, entre outros trabalhos.

Ao chegar a um centro espírita pela primeira vez, o frequentador é normalmente direcionado a um Grupo de Orientação e Encaminhamento, no qual terá oportunidade de falar sobre os motivos de estar procurando a casa espírita, quais são seus desejos e expectativas, sendo assim encaminhado ao trabalho mais adequado às suas necessidades.

Na maioria das casas ministram-se cursos conhecidos como Escola de Educação Mediúnica, nos quais são feitas introduções ao evangelho de Jesus e explanações sobre a mediunidade, com o objetivo de dar a base teórica para que o futuro médium possa se preparar adequadamente para assumir um trabalho na casa. Para os mais jovens são oferecidos grupos de juventude, que lhes dão a oportunidade de discutir em conjunto temas relacionados ao Espiritismo, ao evangelho e ao seu cotidiano. Além disso, a maioria dos centros espíritas desenvolve um projeto assistencial, em que é praticada a caridade ensinada no centro por meio do atendimento fraterno a pessoas carentes e em situação de dificuldade.

A maioria das casas espíritas é mantida somente com doações de seus frequentadores ou por meio de atividades como feiras de artesanato, almoço fraterno, bazar e venda de livros espíritas. Não é cobrado nenhum valor dos frequentadores da casa. Não há dízimo. Da mesma forma, é proibido a qualquer médium cobrar por atendimento, seguindo a máxima "dai de graça o que de graça recebeste".

## REENCARNAÇÃO

O Espiritismo traz como base a ideia da continuidade da vida após a morte, norteada pelo conceito de reencarnação, em que os escolhidos voltarão à vida, diferentemente da ideia do "morreu, acabou" ou do "dia do juízo final".

Algumas religiões cristãs, como o Catolicismo, não acreditam em reencarnação, e sim na ressurreição, ou seja, na possibilidade de voltar à vida terrena com o mesmo corpo, diferentemente da crença espírita de que tal volta se daria em outro corpo. Porém, números estatísticos mostram que, dos conceitos espíritas, a reencarnação é o mais facilmente aceito, e até pessoas de outras religiões usam muitas vezes a palavra reencarnação. O último censo do IBGE mostra, por exemplo, que 44% dos católicos acreditam em reencarnação, o que seria contrário ao próprio dogma da ressurreição aceito pela Igreja.

Em linhas gerais, a reencarnação é a oportunidade que cada espírito tem de ter diferentes existências no planeta, em um corpo de cada vez. O espírito é sempre o mesmo, mas o corpo muda de uma existência para a outra, e o espírito pode habitar um corpo de homem ou de mulher.

O número de encarnações em cada sexo depende da necessidade de cada espírito. Experiências no sexo feminino podem ajudar no desenvolvimento da emoção, da sensibilidade, do instinto de conservação, da delicadeza de gestos, do contato social, entre outras características. Só quem já passou pela prova da maternidade, por exemplo, pode testemunhar o quanto ela ajuda na compreensão do amor fraterno e no desenvolvimento do carinho para com o filho.

Em contrapartida, experiências no sexo masculino ajudam a acentuar a racionalidade, a força, o senso de responsabilidade pelo sustento da família, entre outros traços.

Assim, o sexo escolhido pelo espírito será aquele que mais facilitar a sua evolução; em geral, ele tende a reencarnar mais em um sexo do que em outro.

O número de reencarnações pela qual o espírito terá de passar e o intervalo entre elas dependerá basicamente da velocidade em que ele evoluir. Quanto mais lenta for sua evolução, maior o número de reencarnações, visando a auxiliá-lo por meio de experiências diferentes.

Já o local em que um espírito vai reencarnar é determinado pelo seu grau de evolução e de afinidade com os que estão próximos.

A cada existência encarnada, o espírito passa por diferentes experiências, novos aprendizados e provações, para que possa aprender, algumas vezes, com os próprios erros. Para facilitar o aprendizado, no momento de reencarnar o espírito se esquece de tudo o que viveu em existências anteriores, de forma a ter a oportunidade de um recomeço sem os traumas do passado, ainda que certas reminiscências e tendências fiquem registradas em algum ponto da memória.

Alguns espíritos podem escolher as provas pelas quais vão passar enquanto estão encarnados. A escolha dessas provas sempre tem como critério propiciar o desenvolvimento do espírito. Assim, por exemplo, um espírito que em outra vida fez mau uso do dinheiro, cedendo a todo tipo de paixão, pode escolher, nesta existência, vir privado de recursos materiais, para aprender a valorizar coisas mais elevadas. Ou então, alguém que veio com uma aparência muito bonita e deixou-se levar pelo orgulho pode escolher vir com uma aparência considerada feia, para não sucumbir de novo ao orgulho.

Porém, em muitos casos se processa a reencarnação compulsória, na qual o espírito não tem ainda esclarecimento suficiente para escolher as provas pelas quais deve passar, e então é obrigado a seguir o planejamento feito pela espiritualidade. Nesses casos, muitas vezes nem o desejo de reencarnar está presente no espírito.

*Desvendando o* **ESPIRITISMO** | 15

O Espiritismo ensina que, a cada reencarnação, as pessoas esquecem os detalhes das vidas anteriores, o que facilita seu caminho rumo à evolução. Imagine descobrir que seu marido ou sua esposa o fez sofrer em outra vida, ou, pior ainda, o assassinou. Será que você conseguiria continuar vivendo com essa pessoa? Imagine que em outra vida você fez muito mal a algumas pessoas. Conseguiria viver com esse sentimento de culpa?

Mesmo no plano espiritual, a lembrança de vidas passadas é feita com rígido controle, objetivando não trazer à tona lembranças anteriores que possam prejudicar o equilíbrio psíquico do espírito. Além disso, quando é consentido que ele se recorde do passado, essa lembrança fica, em geral, limitada às últimas encarnações ou aos momentos-chave de algumas delas, visando, da mesma maneira, a não fazer com que lembranças muito desagradáveis possam prejudicá-lo.

Referente à escolha da família em que o espírito vai reencarnar, esta nem sempre se dá por meio de afinidade entre os futuros familiares. Muitas vezes o laço entre eles é somente corporal, e os espíritos são colocados na mesma família para que possam superar desavenças do passado e evoluir juntos.

Durante a gestação, o espírito já passa a conviver com a mãe para se ambientar a ela e novamente ao planeta, guardando consigo algumas impressões desse período. Assim, o amor dos pais nesse momento o ajuda a ganhar ânimo. Já as brigas entre os pais podem gerar traumas e medos no espírito em transição, que o acompanharão enquanto encarnado.

O Espiritismo ensina que a reencarnação é o instrumento pedagógico do qual Deus se utiliza para proporcionar a oportunidade da evolução espiritual rumo à perfeição possível. Portanto, permitir, por meio da paternidade ou da maternidade, o retorno de um espírito que necessita reencarnar para evoluir é um ato de amor e caridade. Porém, o casal tem o direito de fazer a sua programação familiar e definir quantos filhos terá, levando em consideração fatores inclusive de ordem econômica. A questão é complexa e deve ser analisada caso a caso. Havendo razões realmente justas, pode o homem limitar sua prole, principalmente se o casal já possui filhos e entender que não mais convém ter outros. Assim, o uso de anticoncepcional e outros métodos contraceptivos não é proibido pelo Espiritismo, exceto os métodos considerados abortivos, como o DIU e a pílula do dia seguinte.

Mesmo afirmando que quando não há reencarnação compulsória o espírito escolhe as provas pelas quais deve passar, o Espiritismo mostra que muitas coisas nesse planejamento inicial podem ser mudadas de acordo com a necessidade prática do espírito passar por aquela prova, e especialmente de acordo com seu livre-arbítrio. A única coisa que não pode ser alterada, a não ser que a Espiritualidade Maior entenda que aquele espírito está em missão pela coletividade, é a data do desencarne. O Espiritismo ensina que a vida é o maior dom que alguém pode receber, e que tirar a própria vida é um ato contra o Criador. Quando um espírito encarna no planeta, já vem sabendo de antemão quanto tempo deve durar seu corpo físico, e já sabe quando desencarnará se cuidar adequadamente desse corpo. Não existe fatalidade, segundo o Espiritismo. Como diz o ditado popular, ninguém morre de véspera. Se morreu, é porque a hora era chegada, e se sobreviveu, é porque ainda necessitava passar por algumas experiências.

Assim, longe de colocar os seres como simples marionetes, Deus deu o livre-arbítrio para que cada um possa escolher o caminho que deseja trilhar durante a sua existência. O livre-arbítrio permite que cada um seja senhor do seu próprio destino. Não existe destino que não possa ser alterado. Qualquer previsão para o futuro pode ser enxergada como uma tendência ou algo pelo qual a pessoa irá passar se não mudar seu comportamento atual, mas não como algo que está escrito e não tem como ser alterado. Sempre é possível escolher um caminho diferente e, assim, mudar de alguma maneira seu destino. Como ensinado pelo Espírito Emmanuel, o mentor de Chico Xavier: "Embora ninguém possa voltar atrás e fazer um novo começo, todo mundo pode começar agora a fazer um novo final".

# 2

## DEUS E JESUS CRISTO

Deus é qualificado pelo Espiritismo como eterno, imutável, imaterial, único, todo-poderoso, soberanamente justo e bom, tendo criado todo o universo e os seres materiais e espirituais, e escolhido a espécie humana para a reencarnação dos espíritos que atingiram certo grau de desenvolvimento.

O Espiritismo não traz grandes revelações sobre Deus, afirmando que ainda não temos condições de compreendê-lo, por causa do nosso pequeno grau de evolução. As únicas "informações" sobre Deus são as trazidas nas obras básicas de Allan Kardec, que vão ao encontro das citadas por Jesus nos Evangelhos, que descrevem Deus como um pai amoroso, único, todo-poderoso, que sempre existiu e que sempre vai existir, e que está sempre observando e auxiliando seus filhos. Essa visão é diferente da apresentada pelo Antigo Testamento e seguida por algumas religiões atuais, em que Deus pune os filhos que não praticarem os preceitos e mandamentos da religião.

Referente a Jesus Cristo, o Espiritismo o descreve como o Espírito mais evoluído a encarnar no planeta, que veio em missão em prol da humanidade. Jesus é considerado pelo Espiritismo como o Governador do planeta Terra e o grande exemplo a ser seguido.

# 3

## OS ESPÍRITOS

Os espíritos são criados por Deus a todo o tempo e são parte de sua obra. Quando encarnados, são chamados de alma, como distinção do termo espírito. Por esse esclarecimento, percebemos que o termo alma penada não existe, ficando circunscrito somente à imaginação de quem o criou originalmente.

Esses espíritos são criados simples e ignorantes, isto é, sem conhecimento do bem e do mal. Têm aptidão tanto para o bem quanto para o mal, e pelo livre-arbítrio terão oportunidade de escolher o caminho a seguir.

Enquanto encarnados, são formados pelo corpo material, pelo espírito e por uma interface que dá forma ao espírito chamada de perispírito, um elemento presente tanto quando o espírito está encarnado como desencarnado.

O perispírito é que dá forma e aparência ao espírito, neste ou no outro plano. Quando desencarnados, os espíritos mais evoluídos podem tomar a aparência que mais lhes aprouver, lembrando que, para eles, esta não tem importância se comparada à essência. Já espíritos pouco evoluídos

| 21

trazem, em geral, marcas no perispírito que mostram as vibrações negativas que possuem e representam a maldade que praticaram enquanto encarnados. Esses se libertarão delas somente no momento em que evoluírem, deixando de lado suas inclinações para o mal.

Segundo o Espiritismo, a constituição física dos habitantes difere de mundo para mundo, embora a forma corpórea seja a mesma da do homem terrestre, com menor ou maior embelezamento e perfeição, segundo a condição moral geral de cada planeta. Vale ressaltar que mesmo os mundos afastados do Sol têm outras fontes de luz e calor adequadas à constituição dos respectivos habitantes.

Assim como as pessoas são diferentes, os espíritos também o são. Todos eles pertencem a uma classe diferente, sendo divididos de forma ampla em três ordens.

Os mais evoluídos são os espíritos puros. Esses já não recebem nenhuma influência da matéria e são identificados pela superioridade moral e intelectual se comparados aos espíritos de outras ordens.

A segunda ordem é formada por espíritos bons, que já possuem o desejo de praticar o bem a todos indistintamente e já têm a predominância de valores espirituais, mas ainda não alcançaram o grau de espírito puro.

Já a terceira ordem é formada pela maioria dos encarnados no planeta. Neles ainda predominam a materialidade, a ignorância, o orgulho, o egoísmo e todas as paixões decorrentes dessas imperfeições. Todos os espíritos que se encontram ainda na condição de inferioridade podem evoluir até chegar ao estágio de espírito puro.

Os espíritos só evoluem e nunca regridem, ficando, algumas vezes, estacionados por um tempo, até retomarem o caminho do bem. Assim, constatamos que todos nós iremos evoluir, alguns mais rapidamente do que outros. Ninguém escapa da Lei da Evolução. Mesmo aqueles que praticam os crimes mais bárbaros um dia irão evoluir.

# 4

# MUNDOS HABITADOS PELOS ESPÍRITOS

Os tipos de mundo em que um espírito pode reencarnar são classificados da seguinte maneira pelo Espiritismo:

- **Mundos primitivos:** locais das primeiras encarnações da alma. Neles, os espíritos ainda são inferiores aos que habitam o nosso planeta e apresentam forte instinto animal.
- **Mundos de expiação e provas:** onde o domínio ainda é do mal, mesmo havendo muitos espíritos bons ali encarnados. Esse é o estágio atual do planeta Terra.
- **Mundos de regeneração:** neles, as almas ainda têm o que expiar, mas já estão totalmente comprometidas com a sua evolução, e o bem já impera.
- **Mundos ditosos:** neles, há predomínio total do bem. Os espíritos já estão desapegados de qualquer tipo de paixão.

- **Mundos celestes ou divinos:** onde só vivem espíritos evoluídos. Neles, reina exclusivamente o bem.

Segundo o Espiritismo, a Terra é um planeta ainda de provações e expiações, onde convivem, nem sempre em harmonia, espíritos bons e espíritos ainda maus, que juntos têm a oportunidade de aprender com essa convivência.

Porém, o planeta está passando por uma transição e, em breve, passará a ser classificado como de regeneração; nesse momento, só encarnarão aqui espíritos que estiverem em uma condição de evolução melhor, adequada e sintonizada com a nova realidade do planeta.

Esse cenário de mudança é apresentado aos espíritas na *Gênese* escrita por Allan Kardec. Longe de prever catástrofes ou cataclismas, Kardec afirma que a evolução do planeta será gradativa, e que só terão nele lugar aqueles encarnados que se predispuserem a colocar em prática os ensinamentos deixados por Jesus há mais de dois mil anos.

O Espiritismo afirma que o planeta também é regido pela Lei do Progresso, o que indica que ele deve progredir, fisicamente, pela transformação dos elementos que o compõem e, moralmente, pela depuração dos espíritos encarnados e desencarnados que o povoam. Fisicamente, a Terra tem experimentado transformações que a ciência comprova e que a tornaram sucessivamente habitada por seres cada vez mais aperfeiçoados. Moralmente, a humanidade progride pelo desenvolvimento da inteligência, do senso moral e do abrandamento dos costumes.

As instruções dadas pelo Espiritismo revelam que esse progresso se dá de duas maneiras: uma, lenta, gradual e quase imperceptível; e a outra caracterizada por mudanças bruscas, a cada uma das quais corresponde um movimento ascensional mais rápido, que assinala, mediante impressões bem acentuadas, os períodos de progresso da humanidade.

O Espiritismo afirma que já está se processando um movimento universal, visando ao progresso moral da humanidade, e que fará com que a geração futura tenha ideias e sentimentos distintos dos da geração presente, sendo muito mais espiritualizada.

No momento é fácil identificar sinais claros desse período de transição. Ao mesmo tempo em que vemos a criação de uma enorme diversidade de instituições de auxílio que recebem em seu quadro de voluntários milhares de pessoas engajadas em seus trabalhos assistenciais, vemos conviver no mesmo planeta pessoas que só pensam em realizar o mal e que são capazes de praticar os crimes mais bárbaros.

Segundo o Espiritismo, só os espíritos que se voltarem para a prática do bem continuarão reencarnando na Terra. Aqueles ainda apegados às suas individualidades serão enviados para encarnar em planetas menos adiantados, condizentes com seu estágio de evolução.

# 5

# VIDA APÓS A MORTE

Ao desencarnar, o espírito se liberta do corpo físico, considerado por este uma verdadeira prisão, e retoma, pouco a pouco, aptidões que tinha anteriormente, como a possibilidade de volitar (como se voasse ao invés de caminhar), já que o corpo físico traz limitações ao espírito. Para entender isso, é só se lembrar das roupas dos astronautas, que permitem atuar fora da atmosfera terrestre, mas que tornam os movimentos dos astronautas muito mais lentos e difíceis do que se estivessem aqui no planeta sem a roupa. Porém, um espírito não pode prescindir do corpo físico para habitar o planeta, da mesma maneira que os astronautas necessitam de roupas especiais.

O processo de desencarne é acompanhado por uma equipe de socorro espiritual, que prestará auxílio ao espírito se este tiver merecimento e o ajudará no processo de desligamento dos fios tênues que o prendem ao corpo, trazendo, se possível, esclarecimentos sobre sua nova situação e levando-o a uma colônia espiritual, onde receberá os primeiros cuidados. Esse desligamento pode ser feito lentamente ou de maneira brusca, dependendo do tipo de desencarne; por exemplo, por doença ou por acidente com morte imediata.

Quem já acompanhou o processo de desencarne de um parente em um hospital pode ter a ideia de um procedimento extremamente comum. Os espíritos iniciam o processo, mas, por vezes, os parentes que estão com o doente vibram tão intensamente para que ele continue vivo que acabam dificultando demais tal processo. Para resolver isso, os espíritos fazem o doente ter uma melhora súbita. Nesse momento, os parentes relaxam e retornam aos seus afazeres, e então, na sequência, os espíritos podem retomar o processo de desligamento, vindo o doente a falecer em poucas horas.

Porém, nem sempre é possível aos socorristas prestar o atendimento no processo de desencarne. Espíritos altamente comprometidos que praticaram o mal durante sua existência podem ser recepcionados, no momento do desencarne, por inimigos que buscam se vingar ou mesmo por espíritos ainda não evoluídos que entram em contato a fim de levá-los consigo para regiões do Umbral, por exemplo. Estes poderão até tentar escravizá-los para que façam parte do seu grupo de espíritos que praticam o mal aos encarnados que se sintonizem com eles.

Muitos desses espíritos passam muito tempo na espiritualidade até ter consciência exata de que desencarnaram. Alguns deles tentam ficar junto das coisas que tinham aqui na Terra e julgam, por vezes, que enlouqueceram. Esse tormento durará até que tenham consciência de que não pertencem mais à matéria, e se livrem do ódio e da maldade que os impede de receber auxílio.

Quem assistiu ao filme *Ghost: do outro lado da vida* terá a visão clara do desencarne de um espírito bom e de um espírito que praticou o mal em vida. O primeiro terá um processo similar ao do personagem Sam, quando vai ao encontro do plano espiritual. Já o do segundo será similar ao do assassino de Sam, que, quando desencarna, é recepcionado por seres trevosos. Tirando toda a fantasia do cinema e ficando somente com a essência da cena, é possível ter uma ideia próxima do que acontece.

Evidentemente, não existe uma regra geral para o desencarne, podendo este variar um pouco de espírito para espírito. Desencarnar, porém, não traz ao espírito nenhuma mudança significativa. A vida do outro lado é continuidade da que ele tinha aqui. Com isso, vemos que ninguém vira santo depois de desencarnar, e tampouco fica mau. Os espíritos conservam as características que tinham em vida.

O que determinará o tipo de companhia que terão do outro lado será a afinidade e a sintonia. Quem pensa o mal ou está em desespero se identifica com espíritos que também pensam o mal. Quem praticou o bem e está tranquilo e sereno se identifica com espíritos que buscam a prática do bem. É simplesmente uma questão de sintonia.

O Espiritismo afirma que o céu ou o inferno, como lugares circunscritos, não existem. Allan Kardec, no livro *O Céu e o Inferno*, diz que o céu, o purgatório e o inferno são, essencialmente, estados de consciência, e não propriamente lugares físicos.

Algumas vezes, por meio de afinidade de pensamentos negativos, espíritos menos evoluídos agrupam-se em determinadas regiões do mundo astral – a principal delas é o Umbral –, dando origem a ambientes desagradáveis onde reina o sofrimento. Já espíritos mais evoluídos se agrupam em colônias espirituais onde reinam a paz e a harmonia.

Um exemplo de colônia espiritual seria Nosso Lar, descrito na obra homônima de Francisco Cândido Xavier pelo Espírito André Luiz.

*Nosso Lar* foi o primeiro livro a apresentar em detalhes o mundo dos espíritos, conhecido também como plano espiritual. A leitura de suas páginas iniciais já apresenta em detalhes o Umbral e pode trazer certo medo a quem está tomando o primeiro contato com o estudo da vida do outro lado, já que André narra que estava em uma região escura, lamacenta, envolvida em uma névoa espessa e atormentado por figuras diabólicas com expressões animalescas. Todas as características que representariam o inferno para as religiões cristãs.

André Luiz é minucioso na descrição do que seria o Umbral, mostrando que ele começa na crosta terrestre, ou seja, é um lugar muito próximo à Terra. Ao narrar o que motiva alguém a ir para o Umbral após a morte, ele descreve a seguinte situação:

> No Umbral concentram-se almas ignorantes que não são suficientemente perversas para serem enviadas a colônias de reparação mais dolorosas, como as Trevas, nem bastante nobres para serem conduzidas a planos

mais elevados. Lá agrupam-se revoltados de toda espécie, como espíritos infelizes, malfeitores e vagabundos de várias categorias. O que rege a sua organização é a lei do "cada um por si", e cada espírito lá permanece pelo tempo que se fizer necessário.

A imagem certamente lembra a do imaginário coletivo do que seria o inferno, apresentado pelas religiões cristãs. Assim, a perturbação provocada por imperfeições, remorso e afinidade com coisas ruins levaria um espírito a regiões como a descrita por André Luiz em *Nosso Lar*, batizada de Umbral.

Como lá se encontram espíritos que desencarnaram, mas que estão ainda muito apegados a coisas materiais, que sentem revolta, que ainda buscam o mal e que acabam indo para essa região por se identificar com o estado mental de quem ali está, o Umbral representa o local que concentra boa parte dos espíritos pouco evoluídos.

Muitas vezes, quando alguém morre, pode ficar preso, por vontade própria e sem consciência disso, ao ambiente em que vivia na Terra. É comum espíritos permanecerem nas mesmas casas, trabalhos ou próximos a parentes, até conseguirem se desprender do vínculo mental que têm com as pessoas, os lugares ou as coisas a que estavam ligados em vida. O Espírito André Luiz, por exemplo, narra no livro *Nosso Lar* que perdeu a noção do tempo durante o período em que esteve no Umbral. Pensou se tratar de poucos dias, mas, depois, descobriu que ficou naquela região por aproximadamente oito anos.

Narrou também que podia sentir seu pulmão respirar. Tinha medo, fome, sede, frio e fazia suas necessidades fisiológicas da mesma maneira que quando estava encarnado.

Parecia que nada havia mudado com a morte, exceto pela paisagem aterradora com a qual ele estava tendo contato e da qual não conseguia fugir. Gritava, chorava e implorava por piedade. Não parava de ver formas diabólicas e expressões animalescas. Os poucos momentos de paz era quando conseguia dormir, mas logo era acordado por seres monstruosos e precisava fugir deles.

Certamente a paisagem do Umbral não era nada acolhedora... Além dessa região, *Nosso Lar* também cita rapidamente outra região, muito pior, batizada como Trevas. André Luiz explica que não seria uma simples extensão do Umbral, como muitos pensam.

Segundo a explicação dada por Lísias para André Luiz em *Nosso Lar*, Trevas é a região mais inferior que ele conhecia, tratando-se de um local habitado por espíritos extremamente inferiores, ainda ligados fortemente ao mal e que ali permanecem isolados dos demais, visando a evitar que cometam mais atrocidades e contaminem espíritos que, mesmo estando no Umbral, ainda têm dentro de si a chama do bem.

Essa explicação dá claramente uma noção do quão assustadoras seriam as Trevas, e mostra que os espíritos que lá habitam encontram-se provisoriamente afastados do convívio com outros espíritos que não têm tanto desejo de fazer o mal, o que nos faz ver que seriam muito piores em comparação aos que habitam o Umbral, e sua ida para lá poderia provocar ainda mais sofrimento.

No livro *Libertação*, ditado por André Luiz a Francisco Cândido Xavier, o Espírito traz mais detalhes sobre essas regiões sombrias, e mostra que regiões como Trevas e também Abismo são locais onde espíritos muito endurecidos expiam seus erros, em um cenário aterrador, muito pior do que o do Umbral, que fica na crosta terrestre, muito próximo a colônias como Nosso Lar.

Nosso Lar seria somente mais uma das inúmeras colônias espirituais que recebem os espíritos enquanto estão desencarnados. Porém, ao conhecê-la, é possível ter uma clara noção de como seriam as demais, respeitando somente algumas diferenças e o grau de elevação dos espíritos que lá se encontram, o que interfere em detalhes de sua constituição.

Se o céu e o inferno não existem, tampouco existem os anjos e os demônios. O Espiritismo ensina que Deus – que é soberanamente justo e bom – não poderia ter criado seres destinados infinitamente a permanecer no mal e, da mesma forma, não poderia ter criado espíritos perfeitos desde sua origem, sem que fizessem esforço para alcançar esse estado. Como visto anteriormente, todos eles são criados simples e ignorantes, e por meio das experiências, vão adquirindo saber e moralidade até atingirem a perfeição.

No Espiritismo, o termo demônio é usado para denominar os espíritos que ainda não evoluíram moralmente e que ainda se comprazem no mal, mas que, um dia, perceberão seus erros.

Os anjos, por sua vez, são espíritos puros, que já evoluíram moral e intelectualmente, por meio de esforço próprio, desde a sua criação.

Como mencionado anteriormente, o céu e o inferno não existem como locais físicos, como a tradição cristã leva a crer. Céu e inferno seriam somente estados mentais.

# 6

## AÇÃO E REAÇÃO

Nas comunicações dadas a Allan Kardec, os espíritos qualificaram o Espiritismo como o "Consolador prometido". Isso se deve ao fato de este trazer respostas às dúvidas existenciais dos encarnados e especialmente reafirmar a infabilidade da justiça divina.

Segundo o Espiritismo, toda ação gera uma reação. Assim, aquele que praticou um crime hediondo ou simplesmente prejudicou ou humilhou alguém passará em determinado momento por situação parecida como vítima, para que possa aprender o quanto é errado aquele comportamento.

Porém, os espíritos enfatizam a todo tempo que, longe de ser uma religião que apresenta Deus como um implacável perseguidor punindo a todos que fizeram algo errado ou infringiram suas leis, o Espiritismo apresenta um Deus amoroso e justo. Assim, a lei de ação e reação tem como objetivo ser um importante instrumento de aprendizado e evolução, deixando claro que mesmo que alguém pratique um crime e fique impune às leis do homem, não passará despercebido pela Lei Divina.

Os atos praticados pelos espíritos enquanto encarnados geram marcas em seu perispírito. O perispírito é a interface que acompanha o espírito enquanto encarnado e enquanto desencarnado. Assim, este carregaria certas marcas em seu perispírito que indicam as vezes em que infringiu as leis divinas praticando o mal para consigo e seus semelhantes.

Quando o espírito vai evoluindo e se depurando, essas marcas vão desaparacendo, pois já não mais necessitam estar lá. Assim, percebemos que não necessariamente aquele que praticou algo receberá na mesma moeda. Por exemplo, alguém que assassinou uma pessoa em outra encarnação não necessariamente terá que ser assassinado na encarnação atual. O objetivo é aprendizado, e não punição. Portanto, se o espírito já compreendeu que aquilo que fez é errado e tiver arrependimento sincero, não terá que passar por aquela situação, minimizando assim o sofrimento. Uma tradicional história contada em centros espíritas é a do homem que veio com a expiação de perder um braço durante sua existência física, mas que, devido ao seu comportamento caridoso para com todos, acabou perdendo um dedo.

O Espiritismo revela que todos estão submetidos à lei de causa e efeito. Assim, as deficiências apresentadas nesta encarnação são consequência de atos praticados em outras existências. Como a reencarnação é o processo pelo qual o espírito se aperfeiçoa, é necessário, em determinados pontos, reparar os delitos cometidos no passado. A causa da deficiência mental, por exemplo, está diretamente ligada ao espírito, que tenta reequilibrar as próprias energias, buscando a harmonia que lhe falta, por meio de uma vida física limitada.

Como vemos, não há injustiça. Ninguém passa por algo sem merecer aquilo. Essa certeza traz a todos o consolo necessário para superar as adversidades que a vida impõe.

# 7

# AFINIDADE E UNIÕES

O Espiritismo explica bem o assunto afinidade quando discute a respeito das almas gêmeas. Mesmo que os apaixonados de todo o mundo possam se decepcionar, ele afirma que não existem almas gêmeas no sentido que normalmente se dá a esse termo. Não há um homem criado especialmente para uma mulher ou vice-versa. Essa ideia, usada para justificar paixões transitórias, é puramente humana e nada tem a ver com as informações trazidas pelos espíritos. O que pode existir é uma grande afinidade entre duas pessoas, movida, principalmente, pela convivência em diversas existências, e que faz os dois espíritos quererem sempre estar juntos.

O fato de duas pessoas formarem um casal nesta existência não significa que, ao desencarnarem, os dois estarão juntos, pois isso depende de eles estarem no mesmo grau de evolução moral e afinados no mesmo objetivo.

Uniões feitas na Terra unicamente por conveniência ou para satisfação de paixões e desejos, em geral, extinguem-se com o desencarne de um dos cônjuges, e cada espírito toma seu caminho, que nesse caso, em geral, é separado do caminho do outro.

Nem todos os espíritos que constituem família no planeta Terra nutriam na espiritualidade um amor fraternal. Muitas vezes, diferentes motivos fazem com que pessoas decidam se casar e, algumas vezes, esses casamentos, que não são fruto de grande afinidade, acabam tendo como desfecho a separação conjugal.

Referente ao assunto separação, o Espiritismo não prega o sofrimento. Ele define a união de duas pessoas como um ato de responsabilidade mútua e não faz apologia ao divórcio. Mas, por outro lado, não obriga que duas pessoas que não têm como continuar juntas mantenham-se casadas, deixando claro, entretanto, que cada um responderá por seus atos, perante a sua consciência e referente a todos os fatos de que participou e foi causador. O Espiritismo prega que as separações são contrárias à lei de Deus somente se forem para atender interesses circunstanciais e materiais, mas, se for para evitar males maiores, não.

# 8

## OS MÉDIUNS

Qualquer pessoa, espírita ou não, já deve ter ouvido falar na figura do médium. Mas, afinal de contas, o que é a mediunidade? Para simplificar a compreensão, chamaremos a mediunidade de sexto sentido.

Segundo Allan Kardec, esse sexto sentido permitiria a percepção da influência dos espíritos e poderia ser desenvolvido por qualquer pessoa, já que a mediunidade é uma capacidade orgânica.

Existe um órgão responsável pela mediunidade: é a epífise, glândula situada na região centroposterior da área diencefálica do cérebro, constituindo a sede fisiológica de todos os fenômenos mediúnicos.

Assim, conclui-se que todas as pessoas têm a capacidade de perceber a influência dos espíritos, mas nem todas a desenvolvem durante sua existência.

O sexto sentido ou percepção extrassensorial abrange uma enorme gama de fenômenos, como a telepatia e a vidência, e tem como objetivo estabelecer uma ponte entre o mundo físico e o espiritual. Para isso, ele se apresenta por meio de fenômenos de efeitos intelectuais (psicografia, psicofonia, clarividência, clariaudiência, entre outros) ou efeitos físicos (batidas, movimento de objetos, materializações, fenômenos de voz direta etc.).

O Espiritismo diz que é perfeitamente natural a comunicação com os espíritos desencarnados, uma vez que todos são espíritos, embora alguns estejam temporariamente encarnados. Essa comunicação se estabelece nos níveis mental e emocional e dentro dos princípios da lei de sintonia, ou seja, encarnados e desencarnados se atraem ou se repelem por afinidade e interesses em comum.

Aquele que desenvolve a mediunidade é denominado médium. Geralmente, os médiuns têm uma aptidão especial para determinado tipo de fenômeno. Disso resulta a formação de tantas variedades quantas são as formas de manifestações. As principais são a dos médiuns de efeitos físicos, a dos sensitivos, a dos audientes, a dos videntes, a dos sonambúlicos, a dos curadores, a dos pneumatógrafos e a dos psicógrafos:

- **Médiuns de efeitos físicos:** são aqueles aptos a produzir fenômenos materiais, como os movimentos dos corpos inertes ou os ruídos. Podem ser classificados em médiuns facultativos – os que produzem os fenômenos espíritas por vontade própria e são totalmente conscientes do que estão fazendo – e médiuns involuntários – que não possuem consciência e nem mesmo desejo de produzir fenômenos.

- **Médiuns sensitivos:** trata-se das pessoas suscetíveis à presença dos espíritos por uma impressão vaga e que podem reconhecer se o espírito é bom ou mau por meio de sensações mais sutis ou mais pesadas.

- **Médiuns audientes:** são aqueles que ouvem a voz dos espíritos e podem conversar diretamente com eles.
- **Médiuns psicofônicos:** são os que transmitem as comunicações dos espíritos por meio da fala.
- **Médiuns videntes:** são dotados da faculdade de ver os espíritos. Entre os médiuns videntes, há alguns que só veem os evocados e outros que veem toda a população de espíritos.
- **Médiuns sonambúlicos:** nesse tipo de mediunidade, o espírito do médium vê, ouve e percebe os demais espíritos enquanto dorme.
- **Médiuns curadores:** consiste no dom que certas pessoas têm de curar pelo simples toque, pelo olhar ou mesmo por um gesto, sem o concurso de qualquer medicação.
- **Médiuns psicógrafos:** transmitem as comunicações dos espíritos por meio da escrita. Esses médiuns podem ser divididos em três categorias: mecânicos, semimecânicos e intuitivos. Os mecânicos não têm consciência do que escrevem, e a influência do pensamento do médium na comunicação é quase nula. Os semimecânicos interferem parcialmente na comunicação. Já os intuitivos recebem a ideia do espírito comunicante e a interpretam, desenvolvendo-a com os recursos de suas próprias possibilidades morais e intelectuais.

# 9

## OBSESSÃO

A obsessão é um dos maiores perigos que um ser pode enfrentar, seja aqui no planeta ou nas esferas espirituais.

Ela pode atingir encarnados e desencarnados. Trata-se de um processo em que um espírito envolve outro (que pode estar encarnado ou não) de maneira a gradativamente transformá-lo em uma marionete para que satisfaça todas as suas vontades.

Pessoas em processo obsessivo podem ser atendidas em centros espíritas que possuem trabalhos de desobsessão. Nesses trabalhos há a presença de médiuns que recebem os espíritos que estão obsidiando os encarnados ali presentes, a fim de buscar esclarecer-lhes sobre a necessidade de se afastarem.

Algumas vezes o processo obsessivo começa por uma simpatia entre o espírito e o encarnado que está em sua frequência. Porém, isso é bastante raro. Em geral, trata-se de espíritos que buscam se vingar do encarnado por algo que viveram juntos em outras vidas, e, para isso, aproximam-se deles, incutindo lentamente pensamentos que o encarnado começa a tomar como seus.

Pouco a pouco, eles vão aumentando o controle sobre o encarnado, até que chega o momento em que o processo de obsessão já está avançado e o encarnado se torna vítima completa dos espíritos, que podem chegar a, inclusive, induzi-lo a cometer suicídio.

Allan Kardec, em *O Livro dos Médiuns,* esclarece que existem três graus de obsessão. O primeiro deles é a *obsessão simples,* que é quando o espírito se aproxima do encarnado e passa a lhe incutir diariamente pensamentos, que começam a se misturar aos seus; ele lentamente passa a ouvir tudo o que o espírito lhe pede para fazer.

Esse estágio pode evoluir para o grau de *fascinação.* Nele, o encarnado começa a idolatrar o espírito, seguindo à risca tudo o que ele lhe induz, e passa a estar em sintonia total com ele, enganado por uma espécie de ilusão produzida pela ação direta do espírito.

O terceiro grau é o mais perigoso. Nele, já se configura a *subjugação,* na qual o encarnado perdeu total controle e passa a ser comandado pelo espírito, que induz tudo o que ele deve dizer ou as ações que deve praticar. Trata-se, portanto, de uma opressão que paralisa a vontade daquele que a sofre. Quando chega a esse estágio, o tratamento já é muito difícil, pois o encarnado já está de tal maneira envolvido que não se dispõe a receber ajuda, acreditando não necessitar dela.

Essa subjugação pode ser moral, em que a pessoa é solicitada a tomar decisões absurdas e comprometedoras, ou corporal, em que o espírito age diretamente sobre os órgãos do corpo, provocando movimentos involuntários e levando o encarnado a praticar atos considerados ridículos. Muitas vezes, acaba sendo dado como louco pela sociedade e internado em algum manicômio. Porém, frequentando trabalhos de desobsessão, ele pode receber auxílio, sendo necessária a ajuda de amigos e parentes para convencê-lo da necessidade de tratamento.

Como dito, em geral, esses casos de obsessão são motivados pelo desejo de vingança que o espírito obsessor nutre.

O tipo mais comum de obsessão é a que se dá do espírito para o encarnado; entretanto, a obsessão pode se dar também de encarnado para espírito, e até de encarnado para encarnado.

O segundo caso acontece quando o encarnado não para de pensar em quem desencarnou, dando-se esse processo normalmente pela ação de familiares ou amigos que não param de pensar, sofrer e chamar pelo morto, e acabam prejudicando-o no outro lado, na medida em que ele pode receber esses pensamentos, o que agrava seu estado de desequilíbrio.

Em alguns casos também temos a obsessão de encarnado para encarnado, em que um indivíduo começa pouco a pouco a influenciar o outro, influência essa que pode evoluir até o total controle.

A ação dos espíritos se dá somente quando eles se sintonizam com o encarnado; para isso, é necessário que ele esteja na mesma faixa de vibração. A obsessão existe para que os encarnados e os espíritos possam ser testados se já evoluíram, e, principalmente, como um mecanismo para a lei de ação e reação, em que tudo o que é feito em determinado momento gerará consequências positivas ou negativas de acordo com o ato. Com a existência da obsessão, são possíveis esses ajustes sempre que eles se façam necessários, tendo ela, portanto, uma função de reajuste e resgate.

A única maneira de evitar a obsessão é mantendo o pensamento firme, focado no bem, e fazer orações para se ligar a Deus toda vez que sentir um certo desequilíbrio.

# APÊNDICE I

## BIOGRAFIA DE ALLAN KARDEC

Seu nome verdadeiro era Hippolyte Léon Denizard Rivail, mas ele se tornou mundialmente conhecido como Allan Kardec. Nascido em Lyon, França, em 3 de outubro de 1804, ele não tinha ideia do seu destino.

Chamado pelos espíritas de Codificador, Allan Kardec foi o primeiro pesquisador a estudar em detalhes os fenômenos ditos sobrenaturais batizados de "mesas girantes" que se realizavam por toda a Europa, na América e, em particular, na França.

Mas o resultado dessa pesquisa levou-o ao conhecimento de algo que jamais poderia supor, algo totalmente diferente do que sua visão de cientista esperava encontrar...

Dotado de notável inteligência, Hippolyte tornou-se, ainda muito jovem, bacharel em Letras e em Ciências. Falava corretamente alemão, inglês, italiano, espanhol e holandês.

Em seus estudos, teve influência do célebre professor Pestalozzi, do qual bem cedo se tornou um dos mais eminentes discípulos e colaboradores.

Membro de várias sociedades sábias, publicou diversas obras, como *Curso Prático e Teórico de Aritmética* e *Gramática Francesa Clássica*, as quais venderam muito e renderam-lhe um bom dinheiro. Nessa época, Hippolyte tinha seu nome bastante conhecido e respeitado, muito antes de imortalizar o nome Allan Kardec.

Prosseguindo em sua carreira pedagógica, Hippolyte poderia viver feliz e tranquilo, com sua fortuna construída pelo trabalho, mas sua missão o chamava a uma obra maior.

Foi em 1854 que ele ouviu falar nas mesas girantes pela primeira vez. Isso ocorreu durante uma conversa com o Sr. Fortier, magnetizador, com o qual mantinha relações em razão dos seus estudos sobre o magnetismo. Nessa conversa, o Sr. Fortier disse-lhe:

> – Eis aqui uma coisa que é bem mais extraordinária: não somente se faz girar uma mesa, magnetizando-a, mas também se pode fazê-la falar. Interroga-se, e ela responde.
>
> – Isso – replicou Hippolyte – é outra questão; eu acreditarei quando vir e quando me tiverem provado que uma mesa tem cérebro para pensar, nervos para sentir, e que se pode tornar sonâmbula. Até lá, permita-me que não veja nisso senão uma fábula para provocar o sono.

Tal era, a princípio, o estado de espírito de Hippolyte. Assim, ele se viu, muitas vezes, não negando coisa alguma, mas pedindo provas e querendo ver e observar para crer.

Nessa época de sua vida, de 1854 a 1856, um novo horizonte se apresentava. O nome Hippolyte Léon Denizard

Rivail sai de cena para ceder lugar ao de Allan Kardec, que a fama levou ao mundo.

Eis como Allan Kardec revela as suas dúvidas, as suas hesitações e também a sua iniciação:

> Eu me encontrava, pois, no ciclo de um fato inexplicado, contrário, na aparência, às leis da natureza e que minha razão repelia. Nada tinha ainda visto nem observado; as experiências feitas em presença de pessoas honradas e dignas de fé me firmavam na possibilidade do efeito puramente material; mas a ideia de uma mesa *falante* não me entrava ainda no cérebro.

No ano seguinte, mais exatamente em 1855, ele encontrou o Sr. Carlotti, um grande amigo, que discorreu acerca desses fenômenos durante mais de uma hora, com o entusiasmo que ele punha em todas as ideias novas. "Ele foi o primeiro a falar-me da intervenção dos espíritos, e contou-me tantas coisas surpreendentes que, longe de me convencerem, aumentaram as minhas dúvidas", relatou Kardec.

Pouco tempo depois, Kardec teve contato pela primeira vez com esse fenômeno das mesas girantes. O relato dado por ele demonstra suas primeiras impressões:

> Foi aí, pela primeira vez, que testemunhei o fenômeno das mesas girantes que saltavam e corriam, e isso em condições tais que a dúvida não era possível. Aí vi também alguns ensaios muito imperfeitos de escrita mediúnica em uma ardósia com o auxílio de uma cesta. Minhas ideias estavam longe de se haver modificado, mas naquilo havia um fato que devia ter

uma causa. Entrevi, sob essas aparentes futilidades e a espécie de divertimento que com esses fenômenos se fazia, alguma coisa de sério e como que a revelação de uma nova lei, que a mim mesmo prometi aprofundar.

A ocasião se me ofereceu e pude observar mais atentamente do que tinha podido fazer. Em um dos serões da Sra. Plainemaison, fiz conhecimento com a família Baudin, que morava então à rua Rochechouart. O Sr. Baudin fez-me oferecimento no sentido de assistir às sessões que se efetuavam em sua casa, e às quais eu fui, desde esse momento, muito assíduo.

Foi aí que fiz os meus primeiros estudos sérios em Espiritismo, menos ainda por efeito de revelações que por observação. Apliquei a essa nova ciência, como até então o tinha feito, o método da experimentação; nunca formulei teorias preconcebidas; observava atentamente, comparava, deduzia as consequências; dos efeitos procurava remontar às causas pela dedução, pelo encadeamento lógico dos fatos, não admitindo como válida uma explicação senão quando ela podia resolver todas as dificuldades da questão.

Desde o início, Kardec viu nesses fenômenos a solução do que havia procurado por toda a sua vida, e entendeu que aquilo poderia revolucionar todas as ideias e crenças usuais até aquele momento. Ele passou a observar esse fenômeno e, assim, descobriu o princípio de novas leis naturais que regem as relações entre o mundo visível e o mundo invisível.

Suas obras principais sobre a doutrina espírita são: *O Livro dos Espíritos*, referente à parte filosófica, com sua primeira edição em 18 de abril de 1857; *O Livro dos Médiuns*, relativo à parte experimental e científica (janeiro de 1861); *O Evangelho segundo o Espiritismo*, referente à parte moral (abril de 1864); *O Céu e o Inferno – ou a Justiça de Deus segundo o Espiritismo* (agosto de 1865); *A Gênese – os Milagres e as Predições* (janeiro de 1868); além de *A Revista Espírita, Jornal de Estudos Psicológicos*, periódico mensal criado em 1º de janeiro de 1858.

Ele também fundou, em Paris, em 1º de abril de 1858, a primeira sociedade espírita regularmente constituída, sob a denominação de Sociedade Parisiense de Estudos Espíritas.

Uma noite, Kardec recebeu de seu espírito protetor uma comunicação na qual lhe dizia, entre outras coisas, tê-lo conhecido em uma precedente existência, quando, no tempo dos druidas, viviam juntos nas Gálias. Ele se chamava, então, Allan Kardec, e como a amizade que lhe havia devotado só fazia aumentar, prometia-lhe esse espírito ajudá-lo na tarefa importante a que ele era chamado.

No momento de publicar *O Livro dos Espíritos*, o autor ficou muito embaraçado em resolver como o assinaria: com o seu nome de batismo ou com um pseudônimo. Sendo o seu nome muito conhecido no mundo científico, em virtude de seus trabalhos anteriores, e podendo originar uma confusão, talvez mesmo prejudicar o êxito do empreendimento, ele optou por assinar com o nome de Allan Kardec, que segundo lhe revelara o guia, ele tivera no tempo dos druidas.

*Desvendando o* **ESPIRITISMO**  |  55

Os livros de Allan Kardec eram feitos a partir de entrevistas com os espíritos, por intermédio de médiuns. Um dos momentos que mais impressionaram Kardec foi o primeiro contato com seu Espírito familiar.

Kardec estava em seu gabinete de trabalho quando ouviu ressoarem pancadas repetidas na madeira. No dia seguinte, na casa do Sr. Baudin, ele solicitou explicações aos espíritos sobre o fenômeno:

> Kardec: – Ouvistes o fato que acabo de narrar; podereis dizer-me a causa dessas pancadas que se fizeram ouvir com tanta insistência?
>
> Espíritos: – Era o teu Espírito familiar.
>
> K: – Com que fim vinha ele bater assim?
>
> E: – Queria comunicar-se contigo.
>
> K: – Podereis dizer-me o que queria ele?
>
> E: – Podes perguntar a ele mesmo, porque está aqui.
>
> K: – Meu Espírito familiar, quem quer que sejais, agradeço-vos terdes vindo visitar-me. Quereis ter a bondade de dizer-me quem sois?
>
> E: – Para ti chamar-me-ei a Verdade, e todos os meses, durante um quarto de hora, estarei aqui, à tua disposição.
>
> K: – Ontem, quando batestes, enquanto eu trabalhava, tínheis alguma coisa de particular a dizer-me?
>
> E: – O que eu tinha a dizer-te era sobre o trabalho que fazias; o que escrevias desagradava-me e eu queria fazer-te parar.
>
> Nota – O que eu escrevia era precisamente relativo aos estudos que fazia sobre os espíritos e suas manifestações.
>
> K: – A vossa desaprovação versava sobre o capítulo que eu escrevia, ou sobre o conjunto do trabalho?

E: – Sobre o capítulo de ontem: faço-te juiz dele. Torna a lê-lo esta noite; reconhecer-lhe-ás os erros e os corrigirás.

K: – Eu mesmo não estava muito satisfeito com esse capítulo e o refiz hoje. Está melhor?

E: – Está melhor, mas não muito bom. Lê da terceira à trigésima linha e reconhecerás um grave erro.

K: – Rasguei o que tinha feito ontem.

E: – Não importa. Essa inutilização não impede que subsista o erro. Relê e verás.

K: – O nome de Verdade que tomais é uma alusão à verdade que procuro?

E: – Talvez, ou, pelo menos, é um guia que te há de auxiliar e proteger.

K: – Posso evocar-vos em minha casa?

E: – Sim, para que eu te assista pelo pensamento; mas, quanto a respostas escritas em tua casa, não será tão cedo que as poderás obter.

K: – Podeis vir mais frequentemente que todos os meses?

E: – Sim; mas não prometo senão uma vez por mês, até nova ordem.

K: – Animastes alguma personagem conhecida na Terra?

E: – Disse-te que para ti eu era a Verdade, o que da tua parte devia importar discrição; não saberás mais que isto.

De volta para casa, Allan Kardec apressou-se a reler o que escrevera e pôde verificar o grave erro que havia cometido.

Em 1861, o bispo de Barcelona ordenou que fossem queimadas trezentas obras espíritas em um auto de fé. Allan Kardec poderia promover uma ação diplomática e obrigar o governo espanhol a efetuar o retorno das obras. Os espíritos, porém, o dissuadiram disso, dizendo que era preferível para a propaganda do Espiritismo deixar essa ação seguir o seu curso.

Assim, o bispo de Barcelona fez queimar em praça pública as obras incriminadas.

Uma multidão incalculável aglomerava-se e cobria a esplanada onde ardia a fogueira. Quando o fogo consumiu os trezentos volumes espíritas, o padre e os seus ajudantes se retiraram cobertos pelas maldições dos numerosos assistentes, que gritavam: "Abaixo a Inquisição!".

Trabalhador incansável, Allan Kardec faleceu em 31 de março de 1869. Morreu conforme viveu: trabalhando. Sofria, desde longos anos, de uma enfermidade do coração, que só podia ser combatida por meio de repouso intelectual e pequena atividade física. Amélie Boudet, esposa de Allan Kardec, tinha 74 anos por ocasião da morte de seu esposo. Viveu até 1883, ano em que, em 21 de janeiro, veio a falecer também, na idade de 89 anos, sem herdeiros diretos.

# APÊNDICE II

## BIOGRAFIA DE CHICO XAVIER

Francisco Cândido Xavier. Ninguém consegue ficar indiferente a esse nome. O maior médium de todos os tempos, com mais de 460 livros publicados, não somente é admirado pelos espíritas, mas também por pessoas de todos os segmentos religiosos, políticos e sociais – nacionais e internacionais – que viram a seriedade dos postulados que abraçou e exemplificou durante 92 anos de vida, sendo indicado, inclusive, para concorrer ao prêmio Nobel da Paz, em 1981, e eleito o cidadão mineiro do século.

Fenômeno é um adjetivo constantemente usado para qualificar esse homem singular. Tendo cursado apenas o primário, escreveu centenas de livros e mensagens em vários idiomas. Poderia ter ficado rico, mas doou tudo o que ganhou em direitos autorais para instituições de auxílio ao próximo. Viveu, até o seu último dia, com o salário de sua aposentadoria, sem usufruir materialmente dos ganhos obtidos com suas obras.

Seu falecimento se deu no mesmo dia em que o Brasil festejava a conquista mundial no futebol em 2002, o que possibilitou-lhe voltar ao mundo espiritual sem muito alarde, colocando em prática até o último momento a humildade, maior característica desse espírito iluminado, que exemplificou em todos os momentos de sua vida os ensinamentos de Jesus, em especial aquele que dizia: "Quem deseja ser o maior, que seja o servidor e o menor de todos".

O maior médium psicógrafo do mundo nasceu em Pedro Leopoldo, modesta cidade de Minas Gerais, em 2 de abril de 1910. Foi batizado como Francisco de Paula Cândido, por um erro de seu pai, que, em vez de ir ao cartório registrar a criança, solicitou a um amigo que o fizesse. O amigo, na ocasião, se confundiu com o santo do dia 2 de abril, que é São Francisco de Paula, e acabou trocando o nome do garoto. A confusão só foi percebida muitos anos depois, quando Chico foi ingressar no serviço público como inspetor agrícola e precisou providenciar seus documentos. Ao chegar ao cartório, ficou sabendo que não existia nenhum Francisco Cândido Xavier e que o filho do senhor João Cândido Xavier foi registrado, na data, com outro nome. Somente em 1965 seu nome foi modificado.

Filho de família humilde e numerosa, as provações de sua vida começaram aos cinco anos, quando ficou órfão da mãe, D. Maria João de Deus, que faleceu deixando nove filhos: Maria Cândida, Luíza, Carmozina, José Cândido, Maria de Lurdes, Raimundo, Maria da Conceição e Geralda, além de Chico. Cada uma das crianças foi entregue a um parente. Chico, por sua vez, foi obrigado a viver com a madrinha Rita, que lhe dava surras todos os dias.

Sua primeira experiência mediúnica completa foi uma conversa com o espírito da mãe, após sua morte, que o aconselhou a ter muita paciência para suportar as provações que viriam.

Passando por grandes conflitos e muita dificuldade, o menino cresceu tendo os espíritos como companheiros quase diariamente.

Com quatro anos de idade, ele já teve uma breve experiência mediúnica, enquanto assistia a uma conversa entre sua mãe e seu pai a respeito de um nascimento prematuro ocorrido em uma casa vizinha.

O pai, João Cândido, vendedor de bilhetes de loteria, que teve quinze filhos em dois casamentos, não conseguia entender o caso. Chico, nessa hora, interrompeu a conversa e disse: "O senhor naturalmente não está informado sobre o caso. O que houve foi um problema de nidação inadequada do ovo, de modo que a criança adquiriu posição ectópica".

João Cândido se assustou e disse à mulher que aquele filho não parecia deles, que deveria ter sido trocado na igreja quando eles estavam na confissão. Virou-se para Chico e perguntou o que ele teria respondido. Chico disse que uma voz o teria mandado dizer aquilo. João Cândido continuou desconfiado da maluquice do menino...

Em especial, Chico teve a companhia do espírito de sua mãe, com o qual pôde travar várias conversas que lhe foram bastante confortadoras. "Independente de o fenômeno ter ocorrido quando eu era muito criança, considero o reencontro com minha mãe desencarnada o momento de maior emoção da minha vida", relata.

Apesar de os espíritos entrarem sempre em contato com ele, o menino tinha muito receio de ser chamado de louco ao comentar com alguém as conversas que mantinha com almas de outro mundo.

Além de ouvir vozes, via figuras de outro mundo na igreja de Matosinhos, cidade vizinha de Pedro Leopoldo, à qual ele ia diariamente. Durante a missa, via espíritos que frequentavam a igreja. Buscava então se confessar com o padre Sebastião Scarzello, do qual recebia severas penitências para deixar de ser mentiroso.

Certa vez, Chico dirigiu-se muito feliz à sua madrinha, dizendo que havia conversado com a mãe desencarnada. Foi o suficiente para receber uma grande surra. Ao saber que o menino continuava tendo visões de coisas de outro mundo, sua madrinha resolveu conversar sobre o assunto com o padre da região. Este, por sua vez, colocou como penitência que o garoto rezasse mil ave-marias com uma pedra de quinze quilos em cima da cabeça durante toda a procissão.

Outro fato que marcou a infância de Chico foi quando sua madrinha soube, por meio da receita de uma benzedeira, que a única maneira de curar a ferida infeccionada de seu filho era outra criança lamber a ferida durante três semanas seguidas, em completo jejum. Quando ficou sabendo que teria de cumprir essa penosa tarefa, o menino se desesperou e evocou sua mãe, para que o socorresse. Acabou obrigado a cumprir a ingrata tarefa, mas durante a penitência, percebeu que o espírito de sua mãe lançava algo sobre a ferida, o que fez o jovem curar-se rapidamente.

Após viver dois anos com a madrinha, o calvário de Chico acabou. Seu pai, João Cândido Xavier, casou-se novamente com uma moça chamada Cidália Batista, que fez questão de reunir em sua casa os nove filhos do primeiro casamento de João. Assim, o menino Chico conseguiu livrar-se dos maus-tratos que sua madrinha lhe impusera, mas continuou a ter de conviver com as dificuldades financeiras.

Ele narrou da seguinte forma os contatos que teve com sua mãe e seu apego a Jesus para suportar as provações:

Ao perder minha mãe, aos cinco janeiros de idade, conforme os próprios ensinamentos dela, acreditei n'Ele, na certeza de que Ele me sustentaria. Conduzido a uma casa estranha, na qual conheceria muitas dificuldades para continuar vivendo, lembrava-me d'Ele, na convicção de que era um amigo poderoso e compassivo que me enviaria recursos de resistência, e ao ver minha mãe desencarnada pela primeira vez, com o cérebro infantil sem qualquer conhecimento dos conflitos religiosos que dividem a humanidade, pedi a ela que me abençoasse, segundo o nosso hábito em família, e lembro-me perfeitamente de que perguntei:

– Mamãe, foi Jesus que mandou a senhora nos buscar?

Ela sorriu e respondeu:

– Foi sim, mas Jesus deseja que vocês, os meus filhos espalhados, ainda fiquem me esperando...

Aceitei o que ela dizia, embora chorasse, porque a referência a Jesus me tranquilizava. Quando meu pai se casou pela segunda vez e a minha segunda mãe mandou me buscar para junto dela, notando-lhe a bondade natural, indaguei:

– Foi Jesus quem enviou a senhora para nos reunir?

Ela me disse:

– Chico, isso não sei...

Mas minha fé era tamanha que respondi:

– Foi Ele sim... Minha mãe, quando me aparece, sempre fala que Ele mandaria alguém nos buscar para a nossa casa. E Jesus sempre esteve e está em minhas lembranças como um protetor poderoso e bom, não desaparecido, não longe, mas sempre perto, não indiferente aos nossos obstáculos humanos, e sim, cada vez mais atuante e mais vivo.

Aos oito anos de idade, Chico começa a estudar, passando a frequentar o Grupo Escolar São José pela manhã. À tarde, saía às ruas diariamente para vender verduras e legumes produzidos na horta de sua casa, que era cuidada pela madrasta Cidália e por seus irmãos José e Raimundo.

Dois anos depois, seu pai começa a ficar muito preocupado e cogita interná-lo em um hospital para tratamento mental, pois ninguém entendia as visões que ele relatava. O garoto só não parou no hospital psiquiátrico porque o padre da cidade lhe arranjou um emprego na companhia de fiação e tecelagem Cachoeira Grande. O menino saía da escola e ia para o trabalho, onde permanecia das três da tarde à meia-noite.

Chico e sua família sempre tiveram recursos financeiros muito escassos. Não raro a família passou muita necessidade, mas Chico sempre se contentou com o pouco que tinha, e, mais do que isso, ainda dividia esse pouco com todos os que precisassem de ajuda. Anos depois, Chico descreveu essas dificuldades da seguinte maneira:

> Passei fome, passei frio... Em Pedro Leopoldo sempre fez muito frio, ventava muito... A nossa casa não era forrada... Às vezes, a gente não tinha o que comer, era somente uma panela no fogão. Mas ninguém em casa morreu por causa das privações que passávamos. A gente comia só arroz e chuchu. De vez em quando uma mandioca ou ovo, carne era muito difícil... Caso tivéssemos tido muita comida em casa, eu iria me empanturrar, pois sempre gostei de comer. Como seria capaz de dar comunicações de espíritos com a minha barriga cheia, se me sobravam somente os horários do almoço para escrever? Penso que tudo o

que passei na vida tinha uma razão de ser, o meio aparentemente adverso em que renasci foi-me de grande valia para cumprir minha missão.

Os fenômenos espirituais não paravam de acontecer na vida do garoto. Em 1922, aos doze anos, Chico ganha o prêmio máximo em um concurso literário promovido entre as escolas públicas de Minas Gerais. Sua redação teve como tema central a Independência do Brasil.

Na época, Chico afirmava para os colegas de classe que o texto tinha sido ditado em sala por um homem que somente ele via. Sua professora não acreditou no que falava e, para deleite dos colegas de classe, propôs que Chico fosse à lousa para escrever um novo texto na frente de todos sobre um tema que seria proposto na hora. Um colega de sala propôs o tema "grão de areia", e ante a incredulidade da classe, Chico redigiu a seguinte frase: "Meus filhos, ninguém escarnece da criação. O grão de areia é quase nada, mas parece uma estrela pequenina refletindo o sol de Deus". Ficaram todos calados.

Na adolescência, por volta dos quinze anos, começam a aparecer os primeiros males de saúde. Ele desenvolveu um problema nos pulmões por causa da poeira gerada pelo algodão da tecelagem, o que o obrigou a deixar o emprego na fábrica. Então, começou a trabalhar como auxiliar de cozinha no bar Dove, passando, após breve período, a trabalhar como atendente e auxiliar de serviços gerais no empório de José Felizardo Sobrinho, ex-marido de sua madrinha Rita.

Chico Xavier foi um exemplo de trabalhador feliz. Ele iniciou sua vida mediúnica no dia 8 de julho de 1927, em Pedro Leopoldo. Maria Xavier, sua irmã, havia adoecido há alguns dias, e os médicos não conseguiam resultado

*Desvendando o* **ESPIRITISMO** | 65

positivo para seu tratamento. Então a família decidiu levá-la à Fazenda de Maquiné, local em que o amigo José Ermínio Perácio e a médium Carmem Perácio, sua esposa, faziam reuniões espíritas. A moça foi curada, e Chico tomou o primeiro contato com o Espiritismo.

Foi lá que, com apenas dezessete anos de idade, recebeu as primeiras páginas mediúnicas. Naquela noite, os espíritos deram início ao trabalho em conjunto com Chico. Nessa ocasião, dezessete folhas de papel foram preenchidas com comunicações dos espíritos com temática cristã. O médium relata da seguinte maneira esse primeiro contato:

> [...] Era uma noite quase gelada e os companheiros que se acomodavam à mesa me seguiram os movimentos do braço, curiosos e comovidos. A sala não era grande, mas, no começo da primeira transmissão de um comunicado do mais Além, por meu intermédio, senti-me fora de meu próprio corpo físico, embora junto dele. No entanto, ao passo que o mensageiro escrevia as dezessete páginas que nos dedicou, minha visão habitual experimentou significativa alteração. As paredes que nos limitavam o espaço desapareceram. O telhado como que se desfez e, fixando o olhar no alto, podia ver estrelas que tremeluziam no escuro da noite. Entretanto, relanceando o olhar no ambiente, notei que toda uma assembleia de entidades amigas me fitava com simpatia e bondade, em cuja expressão adivinhava, por telepatia espontânea, que me encorajavam em silêncio para o trabalho a ser realizado, sobretudo animando-me para que nada receasse quanto ao caminho a percorrer.

Rapidamente, o trabalho de Chico começou a ficar conhecido na região. Durante quatro anos, escreveu centenas de mensagens. Esse período foi definido por Emmanuel, o mentor espiritual de Chico, como de necessária experimentação. Em 1931, Emmanuel pediu para ele jogar fora as mensagens que tinha escrito nesse período, pois tinham somente a finalidade de ajudá-lo no treinamento.

Maria de Lourdes de Benício, amiga de Chico em Pedro Leopoldo, define da seguinte maneira o período:

> Chico Xavier trouxe, durante sua existência, milhares de comunicações de espíritos já falecidos, com mensagens para seus parentes ainda vivos. Semanalmente, centenas de pessoas procuravam o médium, buscando receber comunicações de entes queridos falecidos.
> Algumas vezes, essas comunicações eram possíveis; em outras oportunidades, não. Chico sempre fazia questão de dizer que "o telefone toca de lá para cá". Ou seja, os espíritos é que dizem quando desejam se comunicar conosco, e não o contrário. Em diversas oportunidades, pessoas que não recebiam mensagens acabavam se revoltando contra ele, que, com paciência, explicava que ainda não havia sido permitida a comunicação, e que, em algum momento, o espírito poderia entrar em contato.

Chico teve seu primeiro contato com Emmanuel aos 21 anos. Ao longo de sua vida, Chico e seu mentor espiritual realizaram um trabalho em que um se confundia com o outro, tal o grau de afinidade entre os dois. Em 1927, quatro anos antes de encontrar o médium, Emmanuel já

*Desvendando o* **ESPIRITISMO** | 67

havia mantido contato com a médium Carmem Perácio em uma reunião espírita realizada na Fazenda de Maquiné, local em que Chico tomou contato com o Espiritismo. Nesse contato, Emmanuel identificou-se a Carmem como amigo espiritual de Chico, relatando que esperava apenas o momento certo para iniciar a grande tarefa dos livros psicografados.

Conhecido como um Espírito de alta luminosidade, Emmanuel teria feito parte da chamada Falange do Espírito da Verdade, grupo de espíritos que teria revelado a Kardec a doutrina espírita. Seus livros dão um panorama do nascimento do Cristianismo, em especial *Paulo e Estevão*; *Ave, Cristo!* e *Renúncia*, todos baseados em episódios históricos reais. Já trabalhos como *Caminho, Verdade e Vida*, *Pão Nosso*, *Vinha de Luz* e *Fonte Viva* são considerados obras que possuem uma interpretação superior dos ensinamentos de Jesus.

Outras obras de destaque desse famoso Espírito são *A Caminho da Luz*, um relato da história da civilização de acordo com os ensinamentos do Espiritismo, e *Emmanuel*, livro composto de dissertações sobre ciência, religião e filosofia.

Logo nos primeiros contatos, Chico questionou Emmanuel sobre sua identidade em vidas anteriores, mas o Espírito só revelou seu passado nos livros *Há Dois Mil Anos* e *50 Anos Depois*.

Suas histórias terminaram por fascinar milhares de leitores e apresentaram-no como tendo encarnado diversas vezes na Terra na figura de diferentes personalidades, entre elas um senador romano chamado Públio Lêntulus Sura. Foi bisavô de Públio Lêntulus Cornélius, político romano nascido no período terminal da República, e contemporâneo de figuras históricas como Júlio César, Cícero e Catão.

Logo nos primeiros contatos, em 1931, Emmanuel travou um diálogo com Chico passando-lhe duas orientações básicas para o trabalho que deveria desempenhar, e reforçando que, desobedecendo qualquer uma delas, ele falharia em sua missão.

Segue a descrição da primeira conversa travada e narrada posteriormente por Chico Xavier:

> – Está você realmente disposto a trabalhar na mediunidade com o Evangelho de Jesus?
> – Sim, se os bons espíritos não me abandonarem... – respondeu o médium.
> – Não será você desamparado – disse-lhe Emmanuel –, mas para isso é preciso que você trabalhe, estude e se esforce no bem.
> – E o senhor acha que estou em condições de aceitar o compromisso? – tornou Chico.
> – Perfeitamente, desde que você procure respeitar os três pontos básicos para o serviço... [...]
> – Qual é o primeiro?
> A resposta veio firme:
> – Disciplina.
> – E o segundo?
> – Disciplina.
> – E o terceiro?
> – Disciplina, é claro. Temos algo a realizar. Trinta livros para começar.

A segunda orientação de Emmanuel para o médium foi descrita por ele da seguinte maneira:

*Desvendando o* **ESPIRITISMO** | 69

Lembro-me de que, em um dos primeiros contatos comigo, ele me preveniu que pretendia trabalhar ao meu lado, por tempo longo, mas que eu deveria, acima de tudo, procurar os ensinamentos de Jesus e as lições de Allan Kardec, e disse mais, que, se um dia, ele, Emmanuel, algo me aconselhasse que não estivesse de acordo com as palavras de Jesus e de Kardec, que eu devia permanecer com Jesus e Kardec, procurando esquecê-lo.

Chico narra ainda que, após essas palavras, Emmanuel lhe disse que eles teriam uma tarefa para realizar e que esta consistia inicialmente na redação, por meio da psicografia, de trinta livros. Naquele momento, ele se surpreendeu e, de pronto, afirmou a Emmanuel que a publicação de trinta livros demandaria muito dinheiro, e a sua situação financeira era muito precária. Emmanuel disse-lhe que a publicação dos livros seria feita por caminhos que Chico não poderia imaginar.

A profecia se cumpriu. Ao enviar sua primeira obra para um dos diretores da Federação Espírita Brasileira, ele teve seu livro aprovado para publicação. Assim, em 1932, Chico publicou seu primeiro livro, intitulado *Parnaso de Além-Túmulo*, uma coletânea de 256 poemas assinada pelos espíritos de grandes nomes da Literatura, como João de Deus, Antero de Quental, Olavo Bilac, Castro Alves, Guerra Junqueira, Cruz e Sousa e Augusto dos Anjos, entre outros.

Nessa época, Humberto de Campos, então jornalista, fez a seguinte análise do livro no *Diário Carioca*, edição de 10 de julho de 1932, sem saber que, poucos anos depois, ele desencarnaria, e então também incluiria seu texto na introdução da segunda edição desse mesmo livro:

> Eu faltaria, entretanto, ao dever que me é imposto pela consciência, se não confessasse que, fazendo versos pelas penas do Sr. Francisco Cândido Xavier, os poetas de que ele é intérprete apresentam as mesmas características de inspiração e de expressão que os identificavam neste planeta. Os temas abordados são os que os preocuparam em vida. O gosto é o mesmo e o verso obedece, ordinariamente, à mesma pauta musical. Frouxo e ingênuo em Casimiro, largo e sonoro em Castro Alves, sarcástico e variado em Junqueira, fúnebre e grave em Antero, filosófico e profundo em Augusto dos Anjos – sente-se, ao ler cada um dos autores que veio do outro mundo para cantar neste instante, a inclinação do Sr. Francisco Cândido Xavier para escrever à *la manière de...* ou para traduzir o que aqueles altos espíritos sopraram ao seu ouvido.

Em janeiro de 1933, Chico trabalhava no armazém de José Felizardo como balconista. O amigo José Álvaro, poeta e escritor, propôs-se a levá-lo para a capital mineira em busca de um melhor salário. Seu pai, João Cândido, ficou entusiasmado e incentivou o filho a aceitar a proposta. Ele ficou em dúvida e consultou Emmanuel, que lhe disse achar inoportuna a viagem, mas aconselhou-o a não desobedecer ao pai.

Em Belo Horizonte, teve o primeiro contato com a fama gerada pelo livro *Parnaso de Além-Túmulo*, mas as agitações e os elogios não foram suficientes para fazê-lo perder a humildade. José Álvaro, na realidade, queria que Chico assumisse as obras como de sua autoria, e não dos espíritos. Ele recusou, e três meses depois, regressou a Pedro Leopoldo, retomando suas atividades no armazém.

Passados dois anos, foi tema de uma reportagem publicada no jornal *O Globo*, que o tornou conhecido em todo o Brasil. A partir daí, milhares de pessoas passaram a visitá-lo em Pedro Leopoldo para conferir as suas habilidades mediúnicas.

Chico começou a ficar preocupado com o fato de que o seu trabalho sério pudesse se transformar em espetáculo, pois, naquela época, ele psicografava textos em vários idiomas, como inglês, alemão e até sânscrito. Tal fenômeno era o que mais impressionava leigos e estudiosos.

Depois de um período realizando esse trabalho, Chico aceitou o conselho do seu guia Emmanuel, que sugeriu o fim daquele tipo de reunião, pois achava que a maioria das pessoas que o procuravam estava envolvida por uma simples curiosidade totalmente improdutiva. Emmanuel sabia o que estava falando. Após encerrar esse trabalho, iniciou seu período mais produtivo em termos de mensagens esclarecedoras.

Em 1944, aconteceu um fato *sui generis* no direito brasileiro. Chico foi processado pela viúva e pelos três filhos do escritor Humberto de Campos, detentores dos direitos autorais do escritor, que tinha seu nome na capa de cinco obras psicografadas por Chico Xavier. Os familiares exigiam o pagamento de direitos autorais, uma vez que o autor continuava escrevendo do Além.

No decorrer do processo movido pela família de Humberto de Campos, Chico, então com 34 anos, temeu muito a possibilidade de ser preso. Após receber uma convocação para depor, ele entrou em pânico e rogou a Deus que o protegesse, chegando até a pedir que, se tivesse de ficar preso, que fosse em Belo Horizonte, e não no Rio de Janeiro, pois julgava que, na primeira cidade, o povo já o conhecia e ele seria mais bem tratado.

Emmanuel, vendo o desespero de Chico, asseverou: "Meu filho, você é uma planta muito fraca para suportar a força das ventanias... Tem ainda muito que lutar para um dia merecer ser preso e morrer pelo Cristo". Chico entendeu o recado e se acalmou um pouco no decorrer do processo.

Nessa época, Chico recebeu a visita de um senhor idoso que pediu ao médium que desse uma receita para um parente que estava muito mal de saúde. Chico anotou os dados do doente e se concentrou para redigir a receita. Nesse momento, recebeu uma intuição, inspirada por Emmanuel, pedindo para que ele tivesse muito cuidado com os pedidos de receita. Além disso, o Espírito pediu ainda que ele escrevesse um bilhete dizendo que o doente não precisava de remédios, mas de preces, pois já estava desencarnado. O homem, ao ler aquilo, saiu correndo, apavorado. Ele e outros amigos tentavam preparar uma armadilha para Chico com a ideia de anexar a receita ao processo de Humberto de Campos e acusar Chico de exercício ilegal da medicina.

O processo teve extensa cobertura da imprensa, que, na oportunidade, fez uma profunda análise da obra do médium, buscando identificar indícios de que não pertenciam a quem as assinara. Todas as investigações feitas por especialistas em literatura apontaram que o estilo do texto era exatamente o mesmo de Humberto de Campos.

Nesse período, muitos foram os críticos e escritores que deram parecer sobre sua obra. Um deles foi Monteiro Lobato, que, na ocasião, afirmou: "Se Chico Xavier produziu tudo aquilo por conta própria, então ele pode ocupar quantas cadeiras quiser na Academia Brasileira de Letras".

Já o escritor Menotti Del Picchia expressou-se sobre o caso da seguinte maneira:

> Deve haver algo de divindade no fenômeno Francisco Cândido Xavier, o qual, sozinho, vale por toda uma Literatura. E que o milagre de ressuscitar espiritualmente os mortos pela vivência psicográfica de inéditos poemas é prodígio que somente pode acontecer na faixa do sobre-humano. Um psicofisiologista veria nele um monstruoso computador de almas e estilos. O computador, porém, memoriza apenas o já feito. A fria mecânica não possui o dom criativo. Esta dimana de Deus. Francisco Cândido Xavier usa a centelha imanente em nós.

A decisão do juiz determinou que o direito autoral só fosse protegido para produções feitas pelo autor em vida. Assim, os familiares não tinham o direito de reivindicar o pagamento de direitos autorais pelos textos psicografados por Chico Xavier. Visando a evitar novos problemas, entretanto, no ano seguinte Humberto de Campos passou a adotar o pseudônimo de Irmão X nas obras que ditava ao médium.

Um dos exemplos das comunicações de Chico Xavier ocorreu em agosto de 1951, em que recebeu, em Pedro

Leopoldo, a ilustre visita de Pietro Ubaldi (1886-1972), escritor, filósofo e místico, nascido em Foligno, pequena cidade italiana, perto de Assis, autor do livro *A grande síntese* (1931), com milhões de leitores em todo o mundo. Em transe, Chico disse que o estava vendo diante do túmulo de Francisco de Assis. O professor confirmou, perplexo, que realmente havia visitado o túmulo do santo antes de viajar para o Brasil. Na sequência, Chico disse que ali estava uma entidade chamada Lavínia, que se dizia mãe de Ubaldi e que o chamava carinhosamente de *mio garofanino*, que em português significa "meu pequeno cravo". O professor confirmou que era aquele o apelido pelo qual ela o chamava.

Porém, nesse encontro haveria um susto muito maior. Chico relatou que ali estava um Espírito chamado Maria e que se dizia irmã de Ubaldi. Este disse que realmente tinha uma irmã com esse nome, mas que ela ainda estava viva, na Itália. Todos ali pensaram o pior. Entretanto, a entidade disse que ela havia morrido quando Pietro Ubaldi ainda era uma criança. Ele já não se lembrava desse fato e se emocionou muito ao ouvir isso.

O médium nunca se opôs às pesquisas dos fenômenos que ocorriam com ele. Mesmo assim, são poucos os relatos de experiências feitas com a mediunidade de Chico Xavier.

Marcel Souto Maior, em *As Vidas de Chico Xavier*, relata que ele teria sido convidado, em 1939, por russos, para viajar, a fim de ter sua mente estudada, e que Emmanuel teria dito que não iria junto, o que fez Chico declinar do convite.

Carlos Baccelli, biógrafo de Chico, que desfrutou de sua amizade durante muitos anos e teve a oportunidade de acompanhar *in loco* sua vida, afirma que a Nasa teria pesquisado a aura de Chico e que esta teria medido dez metros, quando a de uma pessoa normal não passa de alguns centímetros.

Uma das pesquisas sobre ele que foram divulgadas mostra um encefalograma do médium no momento exato em que ele entra em transe. Pelos conhecimentos atuais da neurociência, ele seria diagnosticado como epilético. Porém, jamais apresentou sintomas de epilepsia.

Desde a publicação de *Parnaso de Além-Túmulo*, Chico não parou mais de escrever, tendo como destaque em sua obra os romances históricos ditados pelo Espírito Emmanuel, entre eles *Há Dois Mil Anos*; *50 Anos Depois*; *Ave, Cristo!*; *Paulo e Estevão* e os livros da série André Luiz, que trazem informações detalhadas sobre como seria a vida no outro lado.

A série André Luiz teve início com a psicografia de *Nosso Lar*, redigido em 1943, e que rapidamente se tornou o grande *best-seller* de Chico Xavier, com mais de três milhões de cópias vendidas.

Psicografava sozinho, com exceção de um breve período em que trabalhou com Waldo Vieira. Em 1955, conheceu esse rapaz de 23 anos, que recebia mensagens de André Luiz, o mesmo que Chico. Ele viu em Waldo alguém que o ajudaria na sua missão de escrever os livros e logo propôs que começassem a trabalhar juntos. O primeiro livro da dupla é *Evolução em Dois Mundos*. Chico escrevia os capítulos pares, e Waldo os ímpares.

Quatro anos depois, decidiu mudar-se para Uberaba, cidade localizada na região do Triângulo Mineiro, que possui uma área de 4.512 km². Lá, ele fundou a Comunhão Espírita Cristã, localizada à rua Eurípedes

Barsanulfo, 215, na vila Silva Campos, e passou a morar com Waldo Vieira. No ano seguinte, eles publicaram o livro *Mecanismos da Mediunidade*.

Em 1947, Chico já havia concluído a série de trinta livros e questionou Emmanuel se o trabalho já estava cumprido. O Espírito respondeu que eles iniciariam uma nova série de trinta livros.

Em 1958, ele finalizou a nova série e questionou novamente se a tarefa já estava cumprida. Emmanuel respondeu-lhe que os mentores espirituais haviam determinado que eles deveriam cumprir a missão de trazer 100 livros por meio da psicografia de Chico. Quando cumpriu a tarefa, achou que já havia finalizado e, ao questionar o mentor sobre isso, recebeu a seguinte resposta:

> Os mentores da Vida Superior expediram uma instrução que determina que a sua atual reencarnação será desapropriada, em benefício da divulgação dos princípios espírita-cristãos, permanecendo a sua existência, do ponto de vista físico, à disposição das entidades espirituais que possam colaborar na execução das mensagens e livros, enquanto o seu corpo se mostre apto para as nossas atividades.

Chico entendeu que psicografaria livros em prol da divulgação da mensagem espírita-cristã durante toda a sua existência, tendo chegado aos 92 anos de idade com 460 livros publicados.

Anos depois, mais precisamente em 1965, em sua primeira missão internacional, viajou para os Estados Unidos com Waldo Vieira a fim de auxiliar os espíritas brasileiros lá residentes. Essa visita foi programada e orientada por Emmanuel e André Luiz, resultando na criação da fundação Christian Spirit Center, que tinha por objetivo difundir a doutrina espírita nos Estados Unidos.

Chico também partiu com destino à Europa, onde encontrou o estudo do Espiritismo e a prática mediúnica desenvolvidos principalmente na Inglaterra. Sua fama ultrapassara as fronteiras do país, transformando-o no médium mais famoso do mundo.

Porém, Waldo não voltou da viagem. Foi para o Japão fazer pós-graduação em medicina. Meses depois, voltou para arrumar suas malas e partir para o Rio, onde abriria um consultório. Waldo deixou o Espiritismo e fundou o que ele considerava uma ciência, batizada de Projeciologia. A parceria dos dois resultou em dezessete livros psicografados no período de 1958 a 1965. Chico voltaria a psicografar sozinho, dando prosseguimento à obra e trazendo comunicações de diversos espíritos.

Em sua vida, Chico teve de dar muito testemunho de fé na sua capacidade, e principalmente no auxílio prestado pelos espíritos. Uma das histórias que contava aconteceu na ocasião da morte de seu irmão José Xavier. Nesse período, herdou uma dívida de onze cruzeiros, por falta de pagamento de conta de luz. Sem saber como pagar a dívida, Chico questionou Emmanuel, que lhe disse para ter calma, confiar e esperar, sem se preocupar muito com isso.

Passados alguns dias, um homem bate-lhe à porta, perguntando se ele era o Chico Xavier. O homem disse que ficou sabendo da morte de José e queria entregar o pagamento por uma bainha de faca que ele havia feito tempos atrás. Quando Chico abriu o envelope, para seu

78 | *Desvendando o* **ESPIRITISMO**

espanto, havia exatamente onze cruzeiros em seu interior, dinheiro que foi usado para saldar a dívida.

Chico nunca mais conversou com os espíritos sobre a necessidade de recursos financeiros. Sempre que estava em dificuldade, simplesmente não se preocupava, acreditando que a ajuda viria, se fosse necessária, passando assim a confiar totalmente na providência divina.

Desde os oito anos de idade, Chico trabalhava para ajudar no sustento da família, e sempre conseguiu conciliar seu trabalho no campo da mediunidade com as atividades que desenvolveu como operário de uma fábrica de tecidos, auxiliar de serviços gerais, servente de cozinha, caixeiro de armazém e, por último, inspetor agrícola. Aposentou-se como funcionário público, por invalidez, por causa de uma doença incurável nos olhos.

Chico Xavier sempre suportou com resignação as provações pelas quais teve de passar. Desde criança, teve vários problemas de saúde. Até a juventude, seu corpo ainda resistia. Porém, com o passar dos anos, suas defesas foram diminuindo, e ele desenvolveu angina e labirintite crônica, agravadas por dois infartos e duas pneumonias. Teve também uma doença complexa nos olhos: o deslocamento do cristalino, que, somado ao estrabismo da vista direita, o incomodavam muito.

No entanto, mesmo com as doenças, continuou dando provas de sua humildade. Mostrando que não aceitaria nenhum tipo de privilégio, recusou, em 1969, uma oferta do médium Zé Arigó, que desejava operá-lo espiritualmente. Na época, Chico afirmou que a doença era uma provação que ele deveria suportar.

No início da década de 1970, sua notoriedade aumentou ainda mais no país, quando participou do programa

*Desvendando o* **ESPIRITISMO** | 79

*Pinga-fogo*, transmitido pela extinta TV Tupi, uma espécie de *Roda Viva*, programa veiculado pela TV Cultura, em que jornalistas e espectadores faziam perguntas ao entrevistado. Esse programa estreou no ano de 1955 e ficou no ar até o início dos anos 1980, constituindo um dos marcos da história televisiva do país.

Em 28 de julho de 1971, mais de 75% dos televisores paulistas estavam ligados no programa para assistir a Chico Xavier, sabatinado ao vivo por conceituados jornalistas sobre os mais diversos temas. O programa, com previsão inicial de sessenta minutos, acabou se estendendo por mais de três horas. A pedido dos espectadores, ele foi repetido três vezes nas semanas seguintes. No dia 12 de dezembro, Chico foi novamente entrevistado.

A partir dali, Chico conquistaria de vez o coração dos brasileiros, aumentando ainda mais sua fama e fazendo milhares de pessoas tornarem-se espíritas. Em 1978, por exemplo, o médium interpretou a si próprio na novela *O profeta*, escrita por Ivany Ribeiro, na mesma TV Tupi.

Ele também era muito visitado por artistas, o que fez sua popularidade aumentar ainda mais. Os cantores Fábio Júnior e Roberto Carlos; as cantoras Vanusa e Wanderléa; o estilista Clodovil Hernandez; Risoleta Neves, viúva do ex-presidente Tancredo Neves; o então candidato à presidência Fernando Collor de Melo; os atores Lima Duarte e Tony Ramos; a apresentadora Xuxa, entre outras dezenas de artistas, foram até Uberaba em busca de conselhos do médium.

Roberto Carlos, em entrevista à revista *Intervalo*, em 1971, chegou inclusive a declarar que conhecer Chico Xavier foi a realização de um sonho de infância.

Chico também foi recordista em autógrafos. Nos dias 3 e 4 de agosto de 1973, no Clube Atlético Ipiranga, em

São Paulo, ele autografou 2.243 livros nas 18 horas em que se submeteu à maratona. Já em 18 de abril de 1977, no Grupo Espírita Irmã Angelina, na cidade de Santos, em São Paulo, autografou a impressionante marca de 2.789 livros.

Toda vez que ele aparecia na mídia, imediatamente aumentava o número de caravanas que se dirigia a Uberaba para procurá-lo. Mesmo com boa vontade, era impossível para Chico atender todos os que o procuravam, o que gerava frustração naqueles que não podiam ser atendidos.

À medida que sua fama se propagava, surgiam histórias sobre poderes especiais que ele teria. Em diversas ocasiões, Chico foi obrigado a vir a público para desmentir histórias de que ele teria o poder de prever o futuro, fazer paralíticos andar, entre outras coisas.

Em 19 de maio de 1975, Chico Xavier, então trabalhador da Comunhão Espírita Cristã, decidiu que o centro havia crescido tanto que não combinava mais com o trabalho simples que gostava de realizar, e decidiu se desligar da casa espírita. Ele fundou o Grupo Espírita da Prece em 18 de julho de 1975, em uma modesta casa, em que viveu e trabalhou até os seus últimos dias de vida.

Em maio de 1976, em Goiânia, ocorreu uma das mais impressionantes histórias de Chico Xavier. Na oportunidade, o juiz aceitou o depoimento de um morto e absolveu o acusado. José Divino Nunes estava na casa do amigo Maurício Garcês conversando e ouvindo música. Após encontrar o revólver do seu pai, Maurício o entregou a José Divino, que começou a brincar com a arma. Pouco tempo depois, José disparou o revólver por acidente, matando o amigo inseparável.

Os pais de Maurício não se conformavam com a morte do filho, e mesmo não sendo espíritas foram até Chico Xavier. Lá, exatamente a 27 de maio de 1978, receberam do médium a primeira carta psicografada pelo filho, que lhes dizia para perdoarem José Divino, pois ele não tivera culpa pelo ocorrido:

> Nem José Divino nem ninguém teve culpa em meu caso. Brincávamos a respeito da possibilidade de ferir alguém pela imagem no espelho. Sem que o momento fosse para qualquer movimento meu, o tiro me alcançou, sem que a culpa fosse do amigo ou minha. O resultado foi aquele. Se alguém deve pedir perdão sou eu mesmo, porque não devia ter admitido brincar em vez de estudar. Estou vivo e com muita vontade de melhorar.

Os parentes, que a princípio queriam a condenação do amigo do filho, acabam concordando com o seu desejo, expressado na carta.

Essa carta psicografada por Chico chegou às mãos do juiz da 6ª Vara Criminal da Comarca de Goiânia, Dr. Orimar de Bastos, que acabou por absolver o acusado, concluindo:

> Temos de dar credibilidade à mensagem psicografada por Francisco Cândido Xavier, anexada aos autos, na qual a vítima relata o fato e isenta de culpa o acusado, discorrendo sobre as brincadeiras com o revólver e o disparo da arma. Esse relato coincide com as declarações prestadas pelo acusado José Divino, quando do seu interrogatório.

A carta foi aceita como prova legal, pois um laudo grafotécnico atestou que a assinatura do falecido era exatamente igual à que ele tinha em vida. Em seguida, o Tribunal de Justiça revogou a sentença, e o réu foi a julgamento novamente, sendo absolvido pelo júri popular, em junho de 1980, por seis votos a um.

Chico esteve às voltas com a Justiça em duas outras oportunidades. Na primeira delas, em 1982, uma carta psicografada pelo morto, o então deputado federal Heitor Alencar Furtado, foi usada pela defesa para inocentar o policial José Aparecido Branco, conhecido como Branquinho, da acusação de assassinato doloso (em que o assassino tem a intenção deliberada de matar). O juiz concluiu que o disparo foi acidental.

No ano de 1985 foi a vez do bancário Francisco João de Deus usar uma psicografia de Chico Xavier para tentar comprovar que o tiro que matou sua esposa, a ex-miss Campo Grande, Gleide Dutra de Deus, fora disparado por ele acidentalmente. O veredicto da Justiça foi pela absolvição de Francisco.

A extraordinária mediunidade de Chico permitia-lhe adentrar o íntimo de cada um, conhecendo claramente seus pontos positivos e negativos. Era comum, por exemplo, ele chamar uma pessoa pelo nome sem nunca tê-la visto ou recebido informações de antemão sobre ela.

Celso de Almeida Afonso, um dos principais médiuns residentes na cidade de Uberaba na época de Chico Xavier e hoje já desencarnado, narrou da seguinte maneira o primeiro contato com ele, ocorrido quando tinha apenas dezesseis anos de idade:

*Desvendando o* **ESPIRITISMO** | 83

Eu considero esse encontro a minha porta de Damasco. (Referência à aparição de Jesus Cristo para Paulo de Tarso que simbolizou o momento de sua conversão ao Cristianismo.) A partir daquele momento, houve modificações na minha vida que me ajudaram no meu equilíbrio. O que é interessante é que eu não tinha vontade de conhecer Chico Xavier. Eu tinha muito medo do Espiritismo. Mas acabei indo lá, entrei, sem cumprimentá-lo, e fiquei de costas para ele. Então, ouvi uma senhora pedir-lhe um autógrafo. Chico respondeu:

– Somente se o nosso Celso emprestar a caneta.

Ele nunca tinha me visto. Eu me virei e lhe disse:

– O senhor está falando comigo?

Nisso, ele respondeu, simples:

– Sim, meu filho, você não tem uma caneta para me emprestar?

Aquela criatura me envolveu com o magnetismo dela. Eu não gosto de endeusar as pessoas, mas Chico, para mim, é uma pessoa excelente, é um caminho.

Relatos como este de conhecimento prévio de nomes e informações sobre quem o visitava, sem nunca ter visto a pessoa ou recebido dados sobre ela, são extremamente comuns na vida de Chico.

Chico Xavier não se casou, não teve filhos, não possuía bens em seu nome, nada tinha de material a não ser seu corpo físico. Foi celibatário por vontade própria durante toda a sua vida, nunca tendo namorado. Achava que isso poderia comprometer o foco que tinha em sua missão.

Seu pai nunca aceitou isso. Certo dia, pediu para um amigo convidar o filho para passear. Chico aceitou, e saíram às ruas. De repente, pararam em frente a uma casa e entraram. Era um bordel.

Ao chegar lá, o amigo presenciou a cena mais estranha de sua vida. Chico foi rapidamente reconhecido pelas prostitutas, que já conheciam os trabalhos sociais promovidos por ele. Comovidas com sua presença, elas encerraram o expediente do dia e se colocaram a rezar junto com o médium. Foi a primeira sessão espírita ocorrida em um bordel. O amigo do pai de Chico, que esperava ajudá-lo em sua iniciação sexual, ficou sem saber o que fazer diante da cena que assistia.

Um dos casos mais comentados dele e que demonstra claramente sua natureza celibatária foi em um evento no qual ele foi apresentado à filha do embaixador da Argentina.

A moça ficou encantada com Chico e não desgrudou dele durante toda a festa. Depois disso, passou a frequentar os trabalhos no centro. Um dia, quando o médium entrou na câmara de passes, ela entrou junto e declarou-se.

Chico afirmou que não se julgava algo pelo qual valeria sofrer e não tinha pretensão nenhuma de casamento, nem de se envolver com alguém, por conta de suas obrigações espirituais. Porém, a moça disse que tinha se apaixonado imediatamente pela voz de Chico, e ele respondeu que, na verdade, ela havia se apaixonado pela voz de Emmanuel, que falava por intermédio dele.

Algum tempo depois, Chico recebeu uma carta diretamente do embaixador da Argentina, dizendo que sua filha estava apaixonada por ele e que fazia votos de que se casassem, mesmo sabendo que ele era um homem sem recursos financeiros e de cor, mas como ele sempre fazia as vontades da filha, estava disposto a ajudá-lo financeiramente.

Chico respondeu educadamente que não poderia aceitar a proposta, pois não tinha tempo para se dedicar aos relacionamentos, já que estava altamente comprometido com os trabalhos que a espiritualidade lhe reservara.

Esse compromisso de Chico com a espiritualidade trouxe-lhe popularidade e reconhecimento. No dia 23 de maio de 1980, a Rede Globo apresentou o programa "Um homem chamado Amor", dirigido por Augusto César Vannucci, para divulgar a campanha promovida para a indicação de Francisco Cândido Xavier ao Prêmio Nobel da Paz. O programa contou com a participação de "globais" como Lima Duarte, Roberto Carlos, Eva Wilma, Elis Regina, Nair Belo, Tony Ramos, Glória Menezes, entre outros.

Ele acabou não ganhando, e o prêmio foi para o escritório do alto comissariado da ONU para os refugiados, responsável pela assistência a milhões de refugiados em todo o mundo. Porém, a campanha feita para sua indicação fê-lo tornar-se uma das pessoas mais conhecidas e admiradas do país. Após saber o resultado, Chico declarou:

> Nós estamos muito felizes sabendo que um prêmio dessa ordem coube a uma instituição que já atendeu mais de 18 milhões de refugiados. A organização detentora do prêmio é mais do que merecedora dessa homenagem do mundo inteiro por meio do Prêmio Nobel. Nós todos deveríamos instituir recursos para uma organização como essa, em que mais de 18 milhões de criaturas encontram apoio, refúgio, amparo e bênção. Nós estamos muito contentes, e, sem nenhuma ideia de falsa modéstia, nos regozija-

mos com os resultados da Comissão, que foi tão feliz nessa escolha.

Uma pesquisa realizada pelo jornal *Gazeta Mercantil* dá a dimensão da popularidade de Chico Xavier. O jornal quis saber quais eram os religiosos mais influentes do país. O resultado o colocou em quarto lugar, em uma lista em que os primeiros colocados eram cardeais e arcebispos católicos, e em um momento do país em que toda a força religiosa estava concentrada nas mãos do Catolicismo.

| Os cinco religiosos mais influentes | |
| --- | --- |
| Religiosos | Porcentagem |
| 1º. Dom Paulo Evaristo Arns | 13,06% |
| 2º. Dom Helder Câmara | 11,49% |
| 3º. Dom Aloísio Lorscheider | 11,39% |
| 4º. Francisco Cândido Xavier | 9,52% |
| 5º. Dom Eugênio Sales | 9,17% |

Como resultado do reconhecimento do seu trabalho, em 1999 o então governador de Minas Gerais, Itamar Franco, sancionou a lei 13.394, criando a Comenda da Paz Chico Xavier.

Outro momento de destaque foi quando Chico Xavier foi eleito o Mineiro do Século no concurso realizado pela Rede Globo, ficando à frente de personalidades como Santos Dumont, Pelé, Betinho, Carlos Drummond de Andrade, Ary Barroso e Juscelino Kubitschek. A pesquisa foi realizada pela Rede Globo Minas e apresentada em novembro de 2000.

Em 2006, foi a vez da revista *Época*, em sua edição 434, de 11 de setembro, apontar Chico Xavier como "O Maior Brasileiro da História", em pesquisa feita na internet. Os oito primeiros colocados na votação dos leitores de *Época* foram:

| Personalidade | Votos |
|---|---|
| 1º. Chico Xavier | 9.966 |
| 2º. Ayrton Senna | 5.637 |
| 3º. Pelé | 4.320 |
| 4º. Garrincha | 924 |
| 5º. Santos Dumont | 854 |
| 6º. Juscelino Kubitschek | 830 |
| 7º. Lula | 540 |
| 8º. Getúlio Vargas | 519 |

Com uma vida atribulada, Chico não teve a oportunidade de avançar nos estudos, não passando do curso primário. Isso certamente atesta a impossibilidade de ele ter escrito tantas mensagens – com informações das mais diferentes áreas do conhecimento humano, muitas delas transformadas em livros com traduções para castelhano, esperanto, francês, grego, inglês, japonês, tcheco e transcrições para o braile – sem o auxílio de algo sobrenatural.

Por isso, é considerado o maior fenômeno mediúnico do século XX, e é o médium espírita mais conhecido, com mais 460 obras editadas, somando-se aproximadamente

1.880 edições, com mais de 30 milhões de exemplares vendidos em vários idiomas, e livros publicados em mais de 45 países.

Além de sua extensa obra, publicada por Centro Espírita União, Casa Editora, *O Clarim*, Edicel, Federação Espírita Brasileira, Federação Espírita do Estado de São Paulo, Federação Espírita do Rio Grande do Sul, Fundação Marieta Gaio, Grupo Espírita Emmanuel Editora, Comunhão Espírita Cristã, Instituto de Difusão Espírita, Instituto de Divulgação Espírita André Luiz, Livraria Allan Kardec Editora, Editora Pensamento e União Espírita Mineira, também foram publicados muitos livros falando a respeito de Chico Xavier, por exemplo, *Chico Xavier, Mediunidade e Vida*, de Carlos Baccelli; *Pinga-Fogo: Entrevistas*, obra publicada pelo Instituto de Difusão Espírita; *Trinta Anos com Chico Xavier* e *Amor e Sabedoria de Emmanuel*, de Clóvis Tavares; *No Mundo de Chico Xavier* e *Presença de Chico Xavier*, de Elias Barbosa; *Lindos Casos de Chico Xavier*, de Ramiro Gama; *40 Anos no Mundo da Mediunidade*, de Roque Jacinto; *A Psicografia ante os Tribunais*, de Miguel Timponi; *Chico Xavier Pede Licença*, de Irmão Saulo; *Nosso Amigo Xavier*, de Luciano Napoleão; *Chico Xavier: o Santo dos Nossos Dias* e *O Prisioneiro de Cristo*, de R.A. Ranieri; *Chico Xavier – Mandato de Amor*, de Geraldo Lemos Neto (organizador); *As Vidas de Chico Xavier*, de Marcel Souto Maior; e *O Homem que Falava com Espíritos*, de Luis Eduardo de Souza.

As psicografias de Chico foram objeto de estudo por parte de especialistas em diversas oportunidades, para comprovar sua autenticidade. Um estudo feito pela Associação Médico-Espírita de São Paulo em torno das comunicações de Chico Xavier apresentou os seguintes resultados ao passar as assinaturas dos "mortos" por um exame grafotécnico: 52,5% das assinaturas eram idênticas; 22,5% eram semelhantes; 25% eram diferentes. Em 95% dos casos, Chico Xavier não conhecia previamente o espírito comunicante. Outro dado interessante é que a família reconheceu o estilo do espírito enquanto encarnado em 100% dos casos.

Apesar de seu dom mediúnico mais conhecido ser a psicografia, ele também exercitou constantemente outras formas de mediunidade, como psicofonia, vidência, audiência, entre outras. Também realizava muitos fenômenos de efeitos físicos. Certa vez, perfumou a água que os assistentes traziam; outra vez, o ar. Contam algumas testemunhas que Chico, certa ocasião, foi rezar ao lado da cama de uma mulher muito doente e sem esperanças de vida. Enquanto o médium rezava, pétalas de rosas começaram a cair do teto sobre a doente. A mulher veio a falecer sem sofrimento, durante aquela madrugada. Algum tempo depois desse acontecimento, Emmanuel intercedeu junto a ele recomendando a suspensão dos trabalhos de efeitos físicos.

Nos últimos anos e já com a saúde bastante prejudicada, Chico reduziu um pouco a quantidade de trabalho, passando a ser poupado do assédio das milhares de pessoas que iam até Uberaba para vê-lo. A tarefa de preservá-lo coube a seu filho adotivo, Eurípedes Higino dos Reis, que selecionava apenas poucas pessoas para vê-lo pessoalmente. Por essa tarefa, Eurípedes Higino era muito criticado pelas pessoas que iam até Uberaba. Foram muitas as vezes em que ele foi acusado de cobrar "pedágio" para quem quisesse visitar Chico Xavier ou de privilegiar o acesso de pessoas famosas.

Muitos consideravam que, na casa de Chico Xavier, residia um santo, Chico, e um diabo, Eurípedes.

É digno de nota que, mesmo sofrendo investigação pelo Ministério Público, nada foi encontrado que comprovasse que Eurípedes recebia dinheiro em nome de Chico Xavier.

Eurípedes Higino foi a pessoa que mais tempo permaneceu próxima ao médium. Apesar de Chico ter tido muitos amigos em vida, poucos tiveram a paciência de acompanhá-lo durante muito tempo, pois ele tinha uma vida de abnegação, e os amigos, de uma maneira ou de outra, acabavam tendo de participar de seus trabalhos de caridade.

Antes de falecer, Chico teria combinado com Eurípedes Tahan Vieira, seu médico, com seu filho adotivo e com a enfermeira Katia Maria um código para que suas comunicações pudessem ser autenticadas e reconhecidas após seu desencarne. Três informações deveriam constar da primeira mensagem enviada do Além. Ele revelaria um dos seus segredos mais bem-guardados: quem ele teria sido na última encarnação.

Seis meses após sua morte, o médium Carlos Baccelli escreveu *Na Próxima Dimensão*, pelo Espírito do médico Inácio Ferreira, ex-diretor clínico do Hospital Psiquiátrico Sanatório Espírita de Uberaba. Na obra, revelou que assistira à passagem de Chico e que o médium seria a reencarnação de Kardec.

Outra obra de Carlos Baccelli, batizada de *Fundação Emmanuel* e ditada pelo espírito do doutor Inácio Ferreira, narra o suposto encontro dele com Chico Xavier, em visita à Fundação, e reforça a condição de Chico como um Espírito altamente iluminado que seria o mesmo que deu vida a Allan Kardec, para codificar a doutrina espírita.

O médium, que conviveu com ele durante anos e se tornou um de seus principais biógrafos, publicou ainda, após o desencarne de Chico, livros como *Chico Xavier Responde*, em que, segundo ele, o Espírito de Chico Xavier fala sobre aspectos de sua personalidade como Allan Kardec e como Chico Xavier, afirmando, entre outras coisas, sentir-se mais Chico do que Kardec.

Esses livros causaram bastante polêmica no meio Espírita e ainda são motivo de discussões acaloradas, mas, certamente, pensar na união das duas personalidades em um mesmo espírito seria certamente um desfecho inusitado e digno de todos os fenômenos extraordinários que Chico promoveu em vida.

# CRONOLOGIA DE CHICO XAVIER

**1910** – Nasce em 2 de abril na cidade mineira de Pedro Leopoldo, tendo como nome de batismo Francisco de Paula Cândido. É filho de João Cândido Xavier e de Maria João de Deus.

**1915** – Passa a morar com a sua madrinha, Maria Rita de Cássia, após a morte de sua mãe, Maria João de Deus.

**1917** – Consegue livrar-se dos maus-tratos de sua madrinha, passando a morar com Cidália Batista, nova mulher de seu pai, que reúne todos os filhos do primeiro casamento de João Cândido.

**1919** – Passa a trabalhar em uma fábrica de tecidos.

**1923** – Conclui o curso primário.

**1925** – Começa a trabalhar no armazém de José Felizardo Sobrinho, em Pedro Leopoldo.

**1927** – Tem o primeiro contato com o Espiritismo, quando sua irmã fica doente e é levada para ser curada em uma casa espírita. Começa a participar ativamente do centro espírita Luiz Gonzaga, fundado por seu irmão José Xavier. Faz sua primeira psicografia.

*Desvendando o* **ESPIRITISMO** | 93

**1931** – Conversa pela primeira vez com seu mentor espiritual, Emmanuel. Escreve seu primeiro livro mediúnico, intitulado *Parnaso de Além-Túmulo*, uma coletânea de poemas assinados por grandes poetas brasileiros já falecidos: Castro Alves, Casimiro de Abreu e Augusto dos Anjos, entre outros.

**1939** – Psicografa livros do escritor Humberto de Campos, morto em 1934, e lança o livro *Crônicas de Além-Túmulo*, com textos do escritor falecido.

**1944** – É processado pela família de Humberto de Campos, que exige parte dos direitos autorais dos livros psicografados. A justiça decide em favor de Chico. Para evitar mais polêmica, Humberto de Campos passa a assinar com o pseudônimo de Irmão X. Publica o livro *Nosso Lar*, psicografado pelo Espírito André Luiz e que vende mais de três milhões de cópias.

**1946** – Passa por problemas de saúde, vitimado pela tuberculose.

**1960** – Publica o livro *Mecanismos da Mediunidade*, em parceria com o médium Waldo Vieira.

**1963** – Aposenta-se, após trinta anos de trabalho como auxiliar de serviço, e passa a intensificar o seu trabalho de assistência social junto à comunidade espírita de Uberaba.

**1965** – Viaja para os Estados Unidos, visando a difundir o Espiritismo.

**1972** – Dá uma entrevista a um programa na TV Tupi que dá picos de audiência, atingindo mais de 20 milhões de telespectadores.

**1980** – É indicado para concorrer ao Prêmio Nobel da Paz de 1981.

**1985** – Em julgamento histórico, João Francisco de Deus é inocentado da acusação de matar sua mulher. Sua defesa usa psicografias feitas por Chico Xavier e ditadas pelo Espírito Cleide, mulher de João, que, nas mensagens, inocenta o marido da culpa.

**1995** – Após um enfisema pulmonar, fica bastante debilitado e preso a uma cadeira de rodas.

**1999** – Publica em vida seu último livro, intitulado *Escada de Luz*.

**2002** – Falece no dia 30 de junho, quando o país comemorava a conquista do pentacampeonato mundial de futebol.

**2010** – É lançado um filme sobre sua vida, comemorando o centenário de seu nascimento, que é assistido por mais de três milhões de pessoas.

Este livro foi composto nas fontes Bembo, Arena Condensed, Neutraface Text, Trajan Pro
e impresso em papel *Offset* 70 g/m$^2$ na HR gráfica.